John D. Beckett

Geliebter Montag!

Die erfolgreiche Umsetzung biblischer Massstäbe in der Geschäftswelt

John D. Beckett

Geliebter Montag!

Die erfolgreiche Umsetzung biblischer Massstäbe in der Geschäftswelt

Schwengeler

Für Wendy

♥

Originaltitel:
John D. Beckett
Loving Monday – Succeeding in Business Without Selling Your Soul
ISBN 0-8308-2333-6

InterVarsity Press
P.O. Box 1400, Downers Grove, IL 60515-1426
www.ivpress.com

Deutsche Ausgabe:
John D. Beckett
Geliebter Montag! – Die erfolgreiche Umsetzung
biblischer Massstäbe in der Geschäftswelt

Übersetzer: Martin Plohmann, Carole Huber

ISBN-Nr. 3-85666-429-7

Bestell-Nr. 429

www.schwengeler.ch

Umschlaggestaltung und Gesamtherstellung:
Cicero Studio, CH-9442 Berneck, www.cicero-studio.ch

Referenzen

«*Geliebter Montag!* lässt sich von stark beanspruchten Geschäftsleuten schnell lesen. Es stellt John Becketts Weg zum Glauben ebenso dar wie seine Umsetzung von Gottes Wertmassstäben am Arbeitsplatz. Eine empfehlenswerte Lektüre für alle jungen Manager.»

ARCHIE W. DUNHAM

Aufsichtsratsvorsitzender & Generaldirektor, Conoco Inc.

«*Geliebter Montag!* demonstriert anschaulich, dass es keinen Konflikt gibt zwischen hohen moralischen Massstäben, einem Engagement für die Mitarbeiter und einer gewinnorientierten Unternehmensführung. All dies ist vereinbar mit dem Dienst an unserem Nächsten – ein Punkt, der in den meisten Wirtschaftsschulen verloren gegangen ist.»

DR. WALTER E. WILLIAMS

Hochrangiger Professor für Wirtschaft, George Mason University

«*Geliebter Montag!* ist ein bemerkenswertes Buch, ein Entwurf nicht nur für die Führung eines erfolgreichen Unternehmens, sondern ebenso für ein erfolgreiches Leben. Beckett hat das Wesen des christlichen Lebens eingefangen – Verwalterschaft, Pflichtbewusstsein, gesunde moralische Wertvorstellungen und die Bedeutung des Glaubens.»

C. C. KRULAK

General, US Marinekorps (a. D.)

«John Beckett nimmt seinen Glauben *und* seine Arbeit ernst. Mit diesem einfühlsamen Buch öffnet er uns eine Schatzkammer von Erkenntnissen über die tiefen, geistlichen Erfahrungen in seinem eigenen Leben und ihre Relevanz bei der Unternehmensführung.»

LAURA L. NASH

Leitende Forschungsstipendiatin an der Harvard Wirtschaftsschule

«*Geliebter Montag!* ist eine wunderbare Darstellung von Glauben und Alltagsleben. John hat es nicht im Elfenbeinturm geschrieben, sondern bezieht sich auf Erfahrungen, deren Realitätsbezug wir alle kennen.»

CURTIS E. MOLL

Vorsitzender im Verwaltungs- und Aufsichtsrat, Generaldirektor, MTD Products, Inc.

«Ich bin ein ziemlich kritischer Leser, insbesondere was die Sachgebiete Unternehmensmanagement und Theologie betrifft. Dieses Buch hat bei mir jedoch einen äusserst frischen und professionellen Eindruck hinterlassen – vielleicht hat es mich sogar inspiriert. Es hat sowohl meinen Kopf als auch mein Herz erreicht.»

PERRY PASCARELLA

Autor, ehemaliger Chefredakteur, Industry Week Magazine

Inhaltsverzeichnis

Teil 4: **Alles unter Dach und Fach**

Vorwort

Als ich John Beckett vor vielen Jahren begegnete, war das kein Zufall. Zu jener Zeit war ich Geschäftsführer eines bedeutenden Unternehmens in Colorado. Die Arbeit beanspruchte – zusammen mit der Familie – meine ganze Zeit. Eigentlich vermisste ich in meinem Leben nichts ... bis Mike, den ich an einer Gemeindeveranstaltung kennen lernte, mir eine unerwartete Frage stellte: «Wie kann ich für dich beten?»

Ohne gross zu überlegen, stammelte ich: «Ich brauche einen Freund.»

Meine Antwort überraschte mich selbst. Bis zu jenem Zeitpunkt hatte ich nie daran gedacht, dass mir ein Freund fehlen würde. Später rief mich Mike an, um mir ein Treffen mit John Beckett, einem Geschäftsmann aus Ohio, vorzuschlagen: «Ich glaube, ihr beide werdet euch sehr gut verstehen», sagte er.

Kurz darauf verabredeten John und ich, zusammen einen Tag Skifahren zu gehen. Mike hatte Recht. Wir verstanden uns ausgezeichnet, und von jenem Zeitpunkt an begann sich eine wunderbare Freundschaft zu entwickeln. Wir hatten vieles gemeinsam – insbesondere den Wunsch, gute Ehemänner und Väter zu sein –, zumal wir feststellten, dass wir beide sechs Kinder hatten. Aber wir entdeckten noch ein weiteres gemeinsames Herzensanliegen: Wir wollten unsere Unternehmen auf ehrbare und vorbildliche Weise führen.

Einige Jahre später lud John mich ein, anlässlich des fünfzigsten Jubiläums seines Unternehmens eine Rede zu halten. Ich ahnte kaum, was mich bei meinem ersten Besuch der R. W. Beckett Corporation erwarten würde. Hier, in einer wunderschönen ländlichen Gegend in Ohio, fand ich ein Unternehmen, das ein wichtiges, wenn auch unspektakuläres Produkt zur Beheizung von Wohnhäusern herstellte. Dennoch hinterliessen die Einstellung der Angestellten, ihre Begeisterung für die Arbeit und ihre Motivation, Qualitätsprodukte herzustellen, einen bleibenden Eindruck bei mir. Diese Firma, so merkte ich, war eine Art Modell für ein Unternehmen, dessen Angestellte mit einem aussergewöhnlichen Enthusiasmus arbeiteten und das über einzigartige Produktionsansätze verfügte. Die Firmenpolitik entsprach nicht neuartigen Trendvorstellungen, sondern war über lange Zeit geprüft worden. Sie war bewährt und realistisch. Ich entdeckte vieles, was ich lernen und auf unser grösseres und komplexeres Unternehmen übertragen konnte.

Inzwischen bin ich in der Geschäftsleitung von ACX Technologies, einem Unternehmen, das auf der Liste der New Yorker Börse geführt wird. Da John zu unserem Aufsichtsrat gehört, haben wir häufig Kontakt und gute Möglichkeiten, Ideen und Konzepte auszutauschen und einander Anregungen zu geben. Aufgrund unserer Freundschaft und dem gleichen Anliegen für geschäftliche Angelegenheiten hatten wir gelegentlich darüber gesprochen, gemeinsam ein Buch über das Thema «Die Integration unseres Glaubens ins Arbeitsleben» zu verfassen. Mein voller Terminkalender verhinderte dieses gemeinsame Projekt. Aber John hielt unsere Vision aufrecht, und als das Manuskript zu seinem Buch *Geliebter Montag!* langsam Gestalt annahm, gehörte ich zu den Ersten, die er nach ihrer Meinung fragte. Bereits nach dem Lesen des ersten Entwurfs wusste ich: Dieses Buch stellt eine wichtige und einzigartige Ergänzung zur Unternehmensliteratur dar.

Auf wenigen Seiten hat John die Essenz eines Unternehmens zusammengefasst, das auf gesunden Prinzipien aufgebaut ist. Er erklärt die Grundlage dafür und vermittelt dem Leser Hoffnung, dass auch er einen wichtigen Einfluss auf das Leben vieler Menschen ausüben kann, mit denen er zusammenarbeitet. *Geliebter Montag!* wurde weder aus der Sicht eines Hochschul-Professors noch eines Theologen oder Unternehmensberaters verfasst. Es wurde direkt aus der Praxis geschrieben – von jemandem, der die enormen Herausforderungen, aber auch die Genugtuung persönlich erlebt hat, die das Geschäftsleben mit sich bringt. Das vorliegende Buch ist einfach, direkt und reich an tiefen Einsichten. Ich blätterte die

Seiten immer wieder durch, um noch mehr zu entdecken, was ich in meinem eigenen Unternehmen umsetzen könnte. Das Buch offenbart das Herz meines Freundes, der mich immer wieder motiviert hat.

Ich bin überzeugt, dass Sie ebenso sehr wie ich von *Geliebter Montag!* profitieren werden. Es enthält einen wahren Schatz an praktischen und zeitgemässen Grundsätzen, durch die Sie Ihre Arbeit in einer völlig neuen Art und Weise sehen können. Sicher wird es Sie ebenso inspirieren – so wie John mich über die Jahre begleitet und beraten hat –, so dass auch Sie ganz neu Sinn und Erfüllung in Ihrer Arbeit finden.

Jeffrey H. Coors
Aufsichtsratsvorsitzender, Graphic Packaging Corporation

Kaffee und eine Tüte Erdnüsse

Worte. Prinzipien. Wahrheit.

Worte. Es gibt zu viele Worte. Wir ertrinken in ihnen.

Prinzipien. Sie stürzen förmlich aus den Regalen eines jeden Flughafen-Buchladens auf uns herab.

Wahrheit: Es wird immer schwieriger, sie zu finden.

Aber wenn wir sie finden, ist die Wahrheit wie ein Leuchtfeuer, das die neblige Nacht erhellt, uns wie den Kapitän eines Schiffes vor trügerischen Untiefen warnt und ans sichere Ufer bringt.

Unternehmensführung ist wie eine Reise – angefüllt mit hoffnungsvollen Aussichten, aber ebenso beladen mit grossen Herausforderungen. Die Absicht meines Buches besteht darin, Ihnen zu helfen, sich während dieser Reise auf das Leuchtfeuer zu konzentrieren.

Wir werden dabei zügig vorangehen. Ich weiss, dass Sie ein sehr beschäftigter Mensch sind. Darum sollen Sie dieses Buch auf zwei Flügen zu je neunzig Minuten durcharbeiten können – bei Kaffee und Erdnüssen.

Als meine Freunde von diesem Projekt hörten, sagten sie mir, ich müsse meine Zielgruppe klar definieren.

Es hat einige Zeit gedauert, aber ich denke, ich weiss jetzt, wer Sie sind:

› Sie sind Geschäftsmann – oder möchten eines Tages Geschäftsmann sein.
› Sie sind ein Mensch mit Prinzipien.
› Sie möchten dazu beitragen, dass Ihr Geschäft, Ihr Beruf und die Welt, in der Sie leben, positiv verändert wird.
› Sie sind wissbegierig und geben sich nicht damit zufrieden, so zu bleiben, wie Sie sind.

Sie werden noch mehr über mich erfahren, aber für den Anfang genügt Folgendes:

› Ich bin Geschäftsmann.
› Ich bin ein Mensch mit Prinzipien.

- Ich möchte die grundlegenden Wahrheiten kennen und sie im grösstmöglichen Umfang in meiner Arbeit umsetzen.
- Es ist mir wichtig, anderen mitzuteilen, was ich gelernt habe – wohl wissend, auch selber noch lange nicht ausgelernt zu haben.

Und noch etwas: Sie werden feststellen, warum ich den Montag wirklich liebe!

Schliesslich würde es mich freuen, wenn dieses Buch zu einem Freund für Sie wird. Es soll Ihnen Hoffnung vermitteln, Mut machen und Ihnen eine frische Vision aufzeigen, wie Ihre Arbeitswelt auf zeitlose Wahrheiten neu ausgerichtet werden kann.

Dank

Ich erwähne an dieser Stelle nur wenige Personen. (Es könnten viel mehr sein.)

Wendy, meine liebe Frau, die nicht nur Mutter unserer sechs Kinder ist, sondern die mich auch bei meinem schriftstellerischen Bestreben unterstützt hat. (Autoren können echt griesgrämig werden!)

Dick Leggatt, mein Lektor; seine Ausdauer und Anregung waren für mich von unschätzbarem Wert.

Unsere Angestellten, die hervorragend alleine zurechtkamen, während ich mich dem Schreiben widmete.

Und dem Hund, der morgens weniger Zeit zum Herumtollen im Freien bekam.

Der Flugplan

Hier folgt der Flugplan für das Buch *Geliebter Montag!*.

Das Buch besteht aus vier Hauptteilen: «Grundlagen», «Der grosse Überblick», «Die praktische Umsetzung», «Alles unter Dach und Fach».

Im ersten Teil, «Grundlagen», gebe ich einige persönliche Erfahrungen weiter – es handelt sich um einzigartige Herausforderungen, die grosse Auswirkungen auf mein Leben hatten. Bezeichnenderweise waren diese Erkenntnisse nicht in grossen Dosen, sondern in kleinen Portionen «verpackt», die sich dann im Laufe der Zeit ineinanderfügten. Ihr grundlegender Einfluss hat meine Lebensanschauung nachhaltig geprägt und eine neue Begeisterung für die Arbeit ausgelöst.

Im zweiten Teil, «Der grosse Überblick», begeben wir uns auf eine philosophische Reise, um die westliche Kultur aus zwei unterschiedlichen Blickwinkeln zu betrachten. Die erste Sichtweise stellt Arbeit und Glauben als zwei völlig unabhängige, getrennte Welten dar. Im zweiten Ansatz hingegen ist die Arbeit nicht um Welten vom Glauben getrennt, vielmehr sind beide auf bemerkenswerte Weise miteinander verwoben und verbunden.

Im dritten Teil, «Die praktische Umsetzung», betrachten wir, wie grundlegende Wahrheiten konkret in jeden Aspekt unseres Alltagslebens, insbesondere in den Arbeitsprozess, integriert werden können. Die besondere Qualität dieser Wahrheiten geht auf die Bibel zurück, die ich als eine erstaunliche Quelle mit grosser Bedeutung für die Unternehmensführung erkannt habe. Sie ist altbewährt und gleichzeitig höchst aktuell.

Der vierte Teil, «Alles unter Dach und Fach», verbindet die Grundaussagen und beschreibt ihre Tragweite für den Einzelnen im Berufsleben.

Wie mein Freund Jeff Coors im Vorwort schreibt, besteht das Buch nicht aus Theorien, sondern ist tief in der tatsächlichen Arbeitsrealität verankert. Grundlage dafür sind meine Erfahrungen im Berufsleben, die bereits nahezu vierzig Jahre umfassen. Obwohl diese Erlebnisse meine Aussagen verdeutlichen, ist es doch kein Buch über meine Person. Ebenso wenig handelt es sich um ein «Sie müssen nur ...»-Buch, das auffordert: «Wenden Sie einfach nur unser Vier-Punkte-Programm an, dann treten Sie beiseite und schauen, wie sich der Erfolg einstellt». *Geliebter Montag!* ist vielmehr ein Buch, das uns in einigen Prinzipien verankern und neue Denkweisen eröffnen will. Es soll dem Leser helfen, diese wichtigen Grundsätze im Geschäft und Alltag anzuwenden.

Ich bin davon überzeugt, dass Wahrheit, die richtig umgesetzt wird, Resultate hervorbringt. Sie werden neue Möglichkeiten entdecken, Ihren alltäglichen Handlungen wieder Energie und Bedeutung zu verleihen. Ihre Kunden werden das bemerken und auch Ihre Mitarbeiter werden den Unterschied bald erkennen. Möglicherweise werden Sie sogar ein zusätzliches Lächeln auf dem Gesicht Ihres Buchhalters hervorrufen.

Also, schnallen Sie sich an! Bevor Sie es bemerken, wird die Stewardess den Gang entlang kommen, um die Klapptische und Sitzrücken zu überprüfen. Und wenn Sie das Buch dann schliessen, werden Sie für Ihre nächste aufregende Aufgabe bereit sein.

Teil 1:

Grundlagen

1

Unter Peter Jennings' Lupe

«Auf gar keinen Fall!», sagte ich mir selbst. «Wir werden nicht zulassen, dass die Reporter von ABC News in die R. W. Beckett Corporation hineinplatzen, viel Filmmaterial aufnehmen, einige Sound-Passagen schneiden und dann im Fernsehen das über uns berichten, was ihnen gerade beliebt!»

Das war meine spontane Reaktion auf einen Anruf aus der Zentrale des New Yorker Fernsehsenders ABC. Überhaupt – hatten sie mir nicht mitgeteilt, dass dafür auch noch andere Firmen in Betracht kamen? Warum ausgerechnet wir? Sie würden uns bloss stören, und was für einen Gewinn sollten wir davon haben? Zudem könnte sich eine falsche Berichterstattung sogar schädigend auf unseren Betrieb auswirken.

Das Nachrichtenteam hatte ein Jahr zuvor von der Beckett Corporation erfahren. Ich stand damals an der Spitze einer landesweiten Initiative, die Stellung bezog gegen die *«Equal Employment Opportunities Commission»* (EEOC) («Kommission für gleiche Arbeitsbedingungen»). Diese hatte eine Reihe von Richtlinien herausgegeben, von denen viele befürchteten, sie würden die religiöse Freiheit am Arbeitsplatz einschränken. Dabei ging es beispielsweise um das Recht, Plakate für religiöse Veranstaltungen aufzuhängen oder an Betriebsfeiern Weihnachtslieder zu singen. Landesweit berichteten die Medien damals über die daraus resultierende Kontroverse. Jetzt wollte sich ABC News näher mit unserem Unternehmen befassen, um mehr davon zu erfahren, wie wir Glauben und Unternehmensführung miteinander in Einklang brachten.

Aus früheren Erfahrungen mit den Medien wusste ich, dass wir vorsichtig sein mussten. Ich erinnerte mich, wie eine regionale Zeitschrift einst einen satirischen Artikel über unsere

Firma veröffentlicht hatte. Das Resultat war eine Schmähschrift gegen einige unserer wichtigsten Werte. Auf der Titelseite fand sich eine Karikatur von mir mit Talar und Heiligenschein – nicht gerade eine schmeichelhafte Art, um der Clevelander Geschäftswelt einen Generaldirektor vorzustellen! Etwas Derartiges sollte sich nicht wiederholen, insbesondere nicht vor dem ganzen amerikanischen Fernsehpublikum.

ABC erwartete eine sofortige Antwort. So sehr mir eine Zustimmung widerstrebte, liess mich doch eine Begebenheit innehalten, die sich kurz zuvor ereignet hatte. An einer Sitzung unserer Geschäftsleitung hatte ich darüber gesprochen, wie wir mit unseren Wertvorstellungen – wie Integrität und hohe Qualität – einen noch grösseren Einfluss auf den Markt ausüben konnten. Ich bezog mich auf einen Bibelvers, der dazu auffordert, Salz und Licht der Welt zu sein: «Eine Stadt, die oben auf einem Berg liegt, kann nicht verborgen sein» (Matth. 5,14). Als ich mich nun an die Diskussion erinnerte, merkte ich, dass es letztlich geheuchelt wäre, die Anfrage von ABC nicht ernsthaft in Erwägung zu ziehen. Wir würden eine grossartige Gelegenheit, Salz und Licht zu sein, an uns vorüberziehen lassen, wenn wir Peter Jennings nicht willkommen heissen würden – schliesslich handelte es sich um Amerikas verbreitetste Nachrichtensendung.

Bereits einen Tag nach unserer Einwilligung traf das Team von ABC News bei uns ein: ein Kamerateam aus Chicago, ein Produzent aus New York und Peggy Wehmeyer, eine Korrespondentin aus Dallas.

Die Aufzeichnung

«Wir benötigen zwei Tage vor Ort», eröffnete mir Peggy. «Unser Team wird etwa fünfzehn Stunden Filmmaterial aufzeichnen, um einen dreiminütigen Beitrag zu produzieren. Es wird nötig sein, in jeden Bereich des Unternehmens Einblick zu nehmen, sowohl Ihre Angestellten als auch Ihre Kunden und Lieferanten zu interviewen und mit Menschen aus der Umgebung zu sprechen. Wir möchten Ihre Unternehmenspolitik und deren praktische Umsetzung kennen lernen. Zu vielem werden wir Sie persönlich befragen.»

Ich merkte, wie sich mein Magen zusammenkrampfte. «Bitte, erklären Sie mir noch einmal, was Sie genau benötigen», bat ich in der Hoffnung, sie würde vielleicht ihre Meinung ändern.

«Sie sind der Auffassung, dass Ihr Glaube Auswirkungen auf Ihre Unternehmensführung hat», antwortete Peggy. «Dafür möchten wir Anhaltspunkte finden. Welchen Einfluss hat Ihre Beziehung zu Gott auf das Leben Ihrer Arbeitnehmer? Was unterscheidet Ihren Betrieb von anderen?»

Es gab keinen Weg zurück. Wir hatten uns verpflichtet, dieses riskante, aber auch spannende Unterfangen anzugehen – unser Unternehmen, unseren Glauben und unseren Ruf von ABC unter die Lupe nehmen zu lassen. Doch trotz meiner Befürchtungen spürte ich: Wir taten das Richtige.

«Peggy», erklärte ich, «wir werden Ihnen alles zeigen, was Sie sehen möchten. Sie können mit jedem sprechen. Aber ich will Sie um einen Gefallen bitten: Wie Sie wissen, kann zwischen der Aufzeichnung des Filmmaterials und der tatsächlich ausgestrahlten Sendung viel passieren. Man kann den Bericht auf unterschiedlichste Weise bringen. Ich bitte Sie nur um ein ehrliches und faires Porträt über uns und unsere Glaubensüberzeugungen.»

«John, ich werde mein Bestes geben», versicherte Peggy. «Aber die letzte Entscheidung liegt bei Peter. Er ist mein Chef, und es ist seine Sendung.»

Die Sendung

Am Abend, als der Bericht über unser Unternehmen ausgestrahlt wurde, hielten meine Frau Wendy und ich den Atem an, als Peter Jennings vor sein Zwölf-Millionen-Publikum trat:

«Wir bringen heute einen weiteren Teil aus der Sendereihe: *'The American Agenda'* (Die amerikanische Agenda). In diesem September beginnen wir mit Peggy Wehmeyer, unserer Berichterstatterin für religiöse Themen. Seit einiger Zeit ist die

Tendenz zu beobachten, dass Millionen von Amerikanern nach einer tieferen Bedeutung in ihrem Leben suchen. Heute Abend werden wir uns auf die steigende Zahl von Führungskräften in Amerika konzentrieren, die ihren persönlichen Glauben in ihren Betrieb einfliessen lassen. Es sind Unternehmer, die die Bibel als Leitfaden im Geschäftsleben verwenden.»

«Hey ... das ist ein guter Anfang!», meinte ich zu Wendy, als ich mich in unser Sofa zurücklehnte.

Während der ersten Sequenz war Peggy zu hören:

«Nancy Borer, eine Mitarbeiterin am Fliessband, nimmt einen sechsmonatigen Mutterschaftsurlaub und erhält währenddessen ihr halbes Gehalt. Darüber hinaus machte ihr ihr Arbeitgeber das aussergewöhnliche Angebot, eine dreijährige Erziehungspause zu nehmen. Eric Hess war in der Montage von Ölbrennern, bis ihm sein Arbeitgeber eine bezahlte Fortbildung ermöglichte. Heute ist er Supervisor.

Der Mann, der Nancy und Eric diese ungewöhnlichen Möglichkeiten bot, heisst John Beckett, ein erfolgreicher Unternehmer aus Ohio, der seine Arbeit und seinen Glauben sehr ernst nimmt.»

So weit so gut. Aber bei der nächsten Sequenz zuckte ich zusammen. Nein, das war kein Heimvideo. Das war landesweit ausgestrahltes Fernsehen, in dem ich nun mein eigenes Gesicht erblickte.

Augenblicklich kamen die Erinnerungen an Peggys langes Interview in meinem Büro. Während ein Kameramann das Mikrofon an meinem Hemd befestigte, sprach Peggy über Laura Nashs neues Buch *«Believers in Business»* (Gläubige im Geschäftsleben). «Das Buch ist grossartig!», bemerkte sie. «Es beleuchtet sieben Konfliktbereiche, die Dr. Nash in ihren Gesprächen mit sechzig evangelikalen Geschäftsleuten entdeckt hat. Darin werden Konflikte zwischen dem Leben im Glauben und der realen Geschäftswelt behandelt. Es geht beispielsweise um die Frage, wie man der Verantwortung für die Arbeitnehmer bei gleichzeitiger Geschäftsflaute nachkommen kann.»

Ich sah es kommen: Sicher würde sie mir nun die Fragen stellen, denen Dr. Nash in ihrem zweijährigen Forschungsprojekt auf den Grund gegangen war. Und sie würde kurze, prägnante Antworten erwarten.

Genau das tat sie!

Eine dieser Fragen richtete sich an meine Lebensziele. Während ich nun zuhause sass und zuschaute, lief die Antwort auf genau diese Frage über den Bildschirm: «Meine Lebensaufgabe besteht darin, den Willen Gottes zu erkennen und umzusetzen.»

Ich schluckte schwer und sagte zu Wendy: «Du bist gerade Zeuge eines Wunders geworden. Aus all den kunterbunten Antworten, die ich in diesem Interview gab, hat Peggy genau mein grösstes Lebensziel in einem einzigen, kurzen Satz herausgegriffen.»

Auch der Rest des Firmenporträts war sehr gut umgesetzt. Die Integrität des Unternehmens, der Enthusiasmus unserer Beschäftigten und die Bedeutung unserer ethischen Werte im Arbeitsalltag wurden auf deutliche, unmissverständliche Weise vorgestellt.

Peggy schloss ihren Kommentar mit der Feststellung, dass für unser Unternehmen und eine steigende Zahl anderer Geschäftsleute «bleibender Erfolg nicht in Dollar messbar ist ... echte Befriedigung nur eine Unternehmensführung gibt, bei der die Seele nicht verkauft wird».

Dieser ungewöhnlich positive Bericht stiess bei den Zuschauern auf grosse Resonanz, und sie liessen es ABC wissen. Peggy rief mich an jenem Abend an und teilte mir mit, dass diese Sendung die meisten positiven Anrufe verzeichnete, die jemals bei einer ihrer Nachrichtensendungen eingegangen waren.

Peter Jennings hatte uns unter seine Lupe genommen.

Was er vorfand – wenn auch sehr unvollkommen –, war ein Produktionsunternehmen im Norden Ohios, in welchem Glaube und Arbeit sich nicht gegenseitig ausschliessen, sondern eng miteinander verknüpft sind.

Was er allerdings nicht wusste, als er seine Nachrichtensendung an diesem Abend beendete, war, dass sich genau in diesem Augenblick ein sichtlich erleichterter Unternehmer zu seiner Frau hinüberlehnte, ihr einen Kuss gab und sagte: «Liebling, ich denke, heute Nacht werde ich gut schlafen.»

2

Gefährten fürs Leben

«Diese Unternehmen verwenden die Bibel als Leitfaden in ihrem Geschäftsalltag.» So kommentierte Peter Jennings einen kleinen, aber wachsenden Trend in der amerikanischen Geschäftswelt. Unser Unternehmen als Teil dieses Trends zu wissen, freut mich. Doch das wäre nie geschehen, wenn mein Leben an einigen entscheidenden Wegkreuzungen eine andere Richtung genommen hätte.

Ich bin in Elyria, Ohio, einer kleinen Industriestadt in der Nähe von Cleveland aufgewachsen. Meine Eltern kamen ursprünglich beide aus Kanada, waren aber in die USA gezogen, weil man meinem Vater einen Ingenieurposten bei einem Heizungsunternehmen angeboten hatte. Kurz darauf im Jahr 1938 wurde ich geboren. Mitte der vierziger Jahre bekam ich noch zwei Schwestern, Beverly und Susan.

Mein Vater und meine Mutter waren Menschen, die konsequent nach ihren Grundsätzen lebten. Ihre Liebe zu uns drückten sie unter anderem dadurch aus, indem sie uns zur Einhaltung hoher ethischer Massstäbe anhielten. Es war fast unheimlich, wie sie jedes Mal dahinter kamen, wenn wir wieder einmal die Grenzen überschritten hatten. Wir besuchten ziemlich regelmässig die Gottesdienste einer Episkopalgemeinde, doch die eine Stunde am Sonntag war weitgehend losgelöst von meinem Alltag.

Als junger Teenager schenkten mir meine Eltern eine schöne schwarze Bibel mit Ledereinband und Goldschnittseiten. Ich war damals mit einer Gruppe schwieriger Jungs zusammen, und wahrscheinlich dachten meine Eltern, die Lektüre der Heiligen Schrift würde mir helfen.

Mit den besten Absichten begann ich in meiner neuen Bibel ganz vorne mit dem ersten Buch Mose (Beginnt man ein Buch nicht vorne?). Aber als ich zu den Stammbäumen und den detaillierten Gesetzen kam, blieb ich stecken. Kurzerhand beschloss ich, dieses Buch sei für meine Welt, die aus Freunden, Studium, Rendezvous und Sport bestand, nicht relevant. Damit hatte die Bibel für die nächsten Jahre jegliche Bedeutung für mich verloren.

Wendy

Dann, im Sommer nach meinem ersten College-Jahr, begegnete ich Wendy. Es geschah an dem Tag, als ich den kleinen Laden im Algonquin Park in den Wäldern im Norden Kanadas betrat. Ich wollte eigentlich nur Milch und eine Zeitung kaufen. Aber ich war so hingerissen von diesem bezaubernden kanadischen Mädchen, das mich dort bediente, dass ich den Laden wie geblendet verliess und die Zeitung vergass, die ich dort eigentlich kaufen wollte.

Wendy, so fand ich heraus, hatte diesen Ferienjob als Lebensmittelverkäuferin angenommen, um die Einschreibegebühr zu bezahlen, die sie für die Universität von Toronto im Herbst benötigte. Es stellte sich heraus, dass unsere beiden Familien Ferienhäuser in der Nähe vom Smoke-See bewohnten. Als ich Wendy das erste Mal besuchte, sonnte sie sich gerade an der Anlegestelle und las in der Bibel.

Niemand liest in den Ferien in der Bibel!, dachte ich. Doch obwohl mich die Auswahl ihrer Lektüre neugierig machte, war es nicht das, was mich am meisten faszinierte. Wendys funkelnde Augen, ihr gewinnendes Lächeln und ihre Vorliebe für die Natur bezauberten mich. Es dauerte nicht lange, bis ich bemerkte, dass es mich erwischt hatte: Ich war über beide Ohren verliebt. Sicher waren meine Eltern gleichermassen überrascht und amüsiert über den Eifer, mit dem ich den ganzen Sommer über die Einkäufe im Lebensmittelladen erledigte!

Im Herbst, als ich nach Boston zurückkehrte und das zweite Jahr meines Ingenieurstudiums in Angriff nahm, fiel es mir besonders schwer, mich wieder auf Mathematik und Physik zu konzentrieren. Ich hatte immer nur Wendy im Kopf. Ungeduldig wartete ich auf die Post und suchte in ihren Briefen nach Hinweisen, ob die Gefühle, die ich für sie hegte, auf Gegenseitigkeit beruhten. Ein Besuch bei ihr am folgenden Weihnachtsfest in Toronto bestätigte endlich, dass sie ebenfalls viel für mich empfand. Von diesem Zeitpunkt an wurde unsere Beziehung die wichtigste in meinem Leben.

Im Verlauf der nächsten vier Jahre waren wir bei jeder sich bietenden Gelegenheit zusammen, insbesondere im Sommer. Wir hielten einen regen Briefkontakt, in dem wir einander unsere Gedanken und Gefühle ehrlich mitteilten (was schriftlich vielleicht einfacher war als persönlich). Die wachsende Aussicht auf eine Heirat liess alles andere in den Hintergrund rücken, obwohl wir schweren Herzens beschlossen, zuerst unsere College-Zeit zu beenden.

Zusammenarbeit mit Max

Nach meinem Abschluss im Jahr 1960 nahm ich eine Ingenieurstelle bei Lear-Romec an, einer Raumfahrtgesellschaft in meiner Heimatstadt. Dort arbeitete ich unter der Leitung von Max Utterback in einer Abteilung, in der Leitsysteme für Raketen und Flugzeuge entwickelt wurden.

Max war mehr als ein Vorgesetzter; er war ein Mentor. Wir beide konnten stundenlang über Möglichkeiten diskutieren, wie wir mit den äusserst kleinen elektrischen Kräften die riesigen Triebwerke dazu bewegen konnten, die Raumfahrzeuge genau auf Ziele im Weltraum zu lenken. Aber unsere Gespräche waren nicht nur technischer Art. Max' Erfahrung und Weisheit liessen mich auch daran teilhaben, wie Integrität und Fairness grosse und kleine geschäftliche Entscheidungen prägten. Max war in einem Elternhaus aufgewachsen, in dem die Bibel regelmässig gelesen wurde, und ich konnte nicht umhin, mich zu fragen, ob nicht der Einfluss dieses Buches der Grund für seine hohen ethischen Werte und seinen gesunden Menschenverstand war.

Wendy und ich heirateten einige Monate nach ihrem Universitätsabschluss im Jahr 1961. In unseren Flitterwochen im

Spätsommer besuchten wir wieder unseren geliebten Algonquin Park. Dieses Mal unternahmen wir eine hundertzwanzig Kilometer lange Kanu-Tour, die uns durch abgelegene Seen und schmale Wege führte.

Frisch verheiratet, bezogen wir ein bescheidenes Appartement in Elyria, nicht weit entfernt von meinem Arbeitsplatz. Wendy bekam in einer kleinen Grundschule eine Stelle als Französischlehrerin. Wir traten dem Violinensemble eines kleinen Orchesters bei und besuchten die Gottesdienste der örtlichen Episkopalgemeinde. Da wir in der Nähe meiner Eltern wohnten, konnten wir sie oft besuchen. Ein Jahr nach unserer Hochzeit wurde Kirsten, unser erstes Kind, geboren. Überglücklich waren wir davon überzeugt, dass das Leben nicht schöner sein könnte. Für uns war das Paradies nach Ohio gekommen – wenigstens für eine kurze Zeit.

Wieder dieses rätselhafte Buch

Während der Verlobungszeit und unseren frühen Ehejahren beobachtete ich, wie Wendy weiterhin in ihrer abgenutzten Bibel las. Doch trotz ihres Vorbilds konnte ich mich einfach nicht für dieses rätselhafte Buch begeistern. Zwar versuchte ich ab und zu, die schöne Ausgabe, die mir meine Eltern geschenkt hatten, zu entstauben, doch schien sie für mich einfach keine Bedeutung zu haben. Der Wendepunkt kam schliesslich in Form einer Herausforderung.

Wendy und ich besuchten auf Einladung eines Freundes ein Seminar, bei dem der Redner von biblischen Prinzipien und deren praktischer Umsetzung ins Alltagsleben sprach. «Ich möchte Sie zu etwas herausfordern», sagte er zu uns Seminarteilnehmern. «Dabei soll es sich um eine Abmachung zwischen Ihnen und Gott handeln – sind Sie bereit, jeden Tag während mindestens fünf Minuten die Bibel zu lesen?»

Ich liebe Herausforderungen, und diese nahm ich an.

Zuerst bedeutete die tägliche Lektüre der Heiligen Schrift harte Disziplin. Gelegentlich kroch ich ins Bett und bemerkte: «Oh, heute habe ich meine Bibellese vergessen.» Dann machte ich das Licht an und benötigte die sprichwörtlichen Streichhölzer, um meine Augen offen zu halten. Aber ich hatte mich verpflichtet, und ich war fest entschlossen, mich daran zu halten. Anders als früher, als ich jeweils im Alten Testament begann, war es mir nun wichtiger, die Evangelien und die Briefe des Neuen Testaments zu lesen. Mit der Zeit wurde aus der Routine eine wahre Freude. Ich verlegte die Lektüre der Schrift in die Morgenstunden, auf einen Zeitpunkt, wo ich wach war. Das sparte nicht nur «Streichhölzer», sondern trug auch dazu bei, meinen Verstand und Geist den Tag hindurch mit Nahrung zu versorgen.

Zu meiner Überraschung erwachte die so sehr vernachlässigte Bibel meiner Eltern zum Leben. Ich war erstaunt zu entdecken, wie oft etwas, das ich erst vor kurzem gelesen hatte, in einer Situation konkret umsetzbar war. Fast unmerklich fing ich an, Dinge anders zu sehen, da biblische Ansichten und Vorstellungen meine Gedanken und Haltungen zu prägen begannen.

Noch ahnte ich nicht, wie rechtzeitig diese neue Hilfe aus der Bibel kam, denn unser kleines Paradies würde bald zusammenbrechen. In Kürze sollten wir vor unerwarteten Herausforderungen stehen, die das Letzte von uns fordern würden – und die mich nach grundlegenden Antworten auf verwirrende Fragen suchen liessen.

3

Schwierigkeiten

Die Anfrage meines Vaters, Teilhaber seines kleinen Produktionsunternehmens zu werden, kam für mich völlig unerwartet. Es geschah, als Wendy und ich gerade bei meinen Eltern zum Abendessen eingeladen waren.

«John», begann mein Vater sachlich, «seit über fünfundzwanzig Jahren ist Fitz mein Geschäftspartner. Er wird bald in Pension gehen. Würdest du gerne mein Teilhaber werden?»

So unvermittelt, wie mich der Vorschlag meines Vaters traf, so überrascht war ich von meiner spontanen Antwort: «Vater, zwar habe ich bisher darüber noch nicht gross nachgedacht, aber es hört sich sehr gut an. Ja, ich würde mich sehr freuen, mit dir zusammenzuarbeiten.»

Zugegeben, ich hatte einige Bedenken, die High-Tech Raumfahrtindustrie mit ihrem Glanz zu verlassen. Untersuchungen im Weltraum ermöglichten den Zugang zu allermodernsten Technologien, und es war spannend, mehr als drei Jahre voll dabei zu sein. Im Gegensatz dazu hatte die R. W. Beckett Corporation nur einige wenige Kunden, beschäftigte zwölf Angestellte und war über die Jahre hinweg mit Schwierigkeiten konfrontiert worden, die sie oft an den Rand ihrer Existenz brachte. Trotzdem – die Aussicht, mit meinem Vater zusammenzuarbeiten, war unwiderstehlich.

Mein Vater hatte das Unternehmen vor fünfundzwanzig Jahren im Keller seines Hauses gegründet. 1937, nach der grossen Weltwirtschaftskrise, bestand das einzige «Kapital» meines Vaters in der festen Entschlossenheit, einen noch besseren Ölbrenner für Heizungsanlagen für private und gewerbliche Zwecke zu entwickeln. Kurz darauf begann der Zweite Weltkrieg und wichtige Rohstoffe wurden für die Kriegsindustrie benötigt. Die Brennerproduktion kam zum Stillstand.

Um zu überleben, verlagerte das Unternehmen seine Aktivitäten auf die Isolation von Häusern.

In den Nachkriegsjahren florierte Vaters Ölbrenner-Produktion, da Hausbesitzer scharenweise von Kohleöfen zu Ölheizungen wechselten. Im Jahr 1951 war er endlich in der Lage, sich einen Lebenstraum zu erfüllen: Er errichtete seine eigene Fabrik in einer landschaftlich reizvollen Gegend unmittelbar ausserhalb von Elyria. Bald jedoch brachte der Wettbewerb mit der Erdgasindustrie das Unternehmen in ernsthafte Schwierigkeiten. Das Fehlen von langfristigen Perspektiven für Ölheizungen entmutigte meinen Vater für mehrere Jahre. Dann aber, Ende der fünfziger Jahre, schüttelte er die Lethargie ab und entwarf mit zäher Entschlossenheit einen neuen, konkurrenzfähigeren Ölbrenner. Allmählich stiegen die Verkaufszahlen. Dennoch wusste mein Vater, als er mich Ende 1963 darum bat, in sein Geschäft einzusteigen, dass es seine ganze Kraft – und auch meine – kosten würde, um wieder ein stabiles Unternehmen aufzubauen. Trotz dieser schwierigen Umstände stellten wir uns der Herausforderung und freuten uns besonders auf unsere Zusammenarbeit. Es war eine aufregende Entdeckung, dass ich den Montag in der Ölbrennerfabrik sogar noch mehr schätzte als in der Raumfahrtindustrie!

Das Paradies stürzt zusammen

Nur wenige Tage, bevor ich in der R. W. Beckett Corporation anfing, versetzte die Nachricht des Mordes an Präsident John F. Kennedy in Dallas das Land in einen Schockzustand. Das Unvorstellbare war geschehen, und über Nacht wurden Menschen weltweit gewahr, wie wenig es braucht, um einem unbeschwerten Dasein ein Ende zu setzen.

Doch das Paradies stürzte auch für unsere kleine Familie zusammen, da eine ganze Reihe von Schicksalsschlägen unser glückliches und sicheres Leben erschütterten. Zuerst erkrankte unsere Tochter an Gastroenteritis, einer Darmerkrankung, die zu starkem Flüssigkeitsverlust führt. Viele Säuglinge sterben an dieser Krankheit. Aber gnädigerweise und dank ausgezeichneter ärztlicher Versorgung blieb Kirstens Leben verschont. Kurze Zeit später starb Wendys Mutter nach einem schweren und schmerzvollen Kampf an Krebs. Mrs. Hunt war eine liebenswürdige und begabte Frau. Sie war in ihrem Sommerhaus gestürzt und hatte sich eine Rückenverletzung zugezogen, die einen bösartigen Tumor verursachte, der sich schliesslich als tödlich erwies.

Trotz dieser schwierigen Umstände machte unsere Zusammenarbeit Vater und mir Freude. Ich wurde sein eifriger Mitarbeiter, der unter seiner führenden und erfahrenen Hand dazulernte. Ich sah noch viele Jahre vor mir, in denen ich von seiner Weisheit und seinen Fachkenntnissen profitieren könnte. Möglicherweise würde ich eines Tages sein Nachfolger – aber erst dann, wenn wir beide dafür bereit wären.

Dieser Traum wurde jäh zerstört, als ich an einem kalten Samstagmorgen einen Anruf der Polizei bekam. Betäubt und sprachlos stockte mir der Atem, als man mir berichtete, mein Vater sei zusammengebrochen über dem Lenkrad seines Wagens aufgefunden worden. Er habe offensichtlich einen Herzinfarkt erlitten. «Wie ist das möglich?», dachte ich völlig durcheinander. «Er war doch einfach nur unterwegs zur Arbeit! Etwa in einer Stunde wollten wir gemeinsam an unserem neuen Projekt arbeiten ...»

Mein Vater war siebenundsechzig Jahre alt und scheinbar bei guter Gesundheit. Er liebte seine Arbeit, und ich glaube, hätte er die Wahl gehabt, dann hätte er es vorgezogen, genau so aus dem Leben zu scheiden – mitten aus dem Arbeitsalltag hinaus. Aber für mich mit meinen sechsundzwanzig Jahren war die Nachricht von seinem Tod ein Schock, mit dem ich kaum umzugehen wusste.

Erst später erfuhr ich von Bekannten, wie sehr mein Vater sich gewünscht hatte, dass ich sein Nachfolger würde, obwohl er es sich niemals anmerken liess. Seine Absicht war so unaufdringlich, dass ich sie leicht hätte übersehen können und sein Angebot der Zusammenarbeit ausgeschlagen hätte. Wie sich herausstellte, war das Jahr, in dem wir Schulter an Schulter zusammenarbeiteten, das aussergewöhnlichste meiner angehenden Karriere.

Während dieser kurzen Zeit der geschäftlichen Partnerschaft veränderte sich die Beziehung zu meinem Vater. Hatte ich ihn vorher als strenge, disziplinierte Person geachtet, wurde er nun zu einem Mentor und Freund. Er öffnete mir sein Herz und liess mich an seinen Erfahrungen teilhaben. Dadurch lernte ich in wenigen Monaten, wofür ich anderswo Jahre gebraucht hätte. Noch in zehn Jahren hätte ich staunend von seinen aussergewöhnlichen Fähigkeiten profitieren können, doch ein Jahr Zusammenarbeit musste reichen. Vaters Tod rief mir ganz neu ins Bewusstsein, wie unsicher die Zukunft ist. Ich würde die Hilfe eines Höheren benötigen, um den Herausforderungen zu begegnen, die voraussichtlich auf mich zukommen würden.

Damals war ich im Glauben noch nicht so tief verwurzelt, um darauf zurückgreifen zu können. Ich begann gerade erst die Bibel als Hilfsquelle zu verstehen. Darüber hinaus war der zuversichtliche Glaube Wendys und meiner Mutter an die Souveränität Gottes – auch was den schwer verständlichen Tod meines Vaters betraf – der einzige Zugang, den ich zu Gott hatte.

Aber dieser Glaube – obwohl er schwach war – veranlasste mich, mich nach der göttlichen Hilfe auszustrecken, die ich so nötig hatte. Ich stammelte Gebete, ohne eine Ahnung zu haben, ob und wie sie erhört werden würden. Doch Gott antwortete ganz konkret.

Ermutigung in der Krise

Die dringendste Frage, die es baldmöglichst zu entscheiden galt, war, ob ich die Firma behalten oder verkaufen sollte. Verschiedene Angebote grösserer Unternehmen, die an der Übernahme der Beckett Corporation interessiert waren, trafen ein, und ich war mir bewusst, dass ich sie ernsthaft in Betracht ziehen musste. Wenn ich die Firma behalten und es scheitern würde, wäre alles zunichte, wofür meine Eltern gearbeitet hatten – einschliesslich der finanziellen Absicherung meiner Mutter.

Doch meine Mutter ergriff die Initiative, um meine Befürchtungen zu zerstreuen. «John», sagte sie, «ich bin zuversichtlich, dass du es schaffen wirst. Aber selbst wenn es nicht gelingen sollte, mache dir um mich keine Sorgen. Wir haben früher sehr einfach gelebt, und wir können es wieder, wenn es sein muss.» Aufgrund ihrer Unterstützung sowie der inneren Gewissheit, richtig zu handeln, entschied ich mich schliesslich, die Angebote abzulehnen und alles mir Mögliche zu tun, um das Unternehmen erfolgreich zu führen.

Eine zweite grosse Sorge konnte ich ablegen, als unser grösster Kunde uns unaufgefordert die Zusage gab, die Ölbrenner weiterhin bei uns zu beziehen. Die Geschäftsleitung dieser Firma hätte durchaus den Entschluss fassen können, zu grösseren und sichereren Lieferanten zu wechseln. Selbst jetzt ist noch schwer abschätzbar, was geschehen wäre, wenn wir diesen Hauptkunden verloren hätten, dem wir zwei Drittel unseres Umsatzes verdankten. Das hätte womöglich das Ende der Beckett Corporation bedeutet.

Eine weitere Erhörung meiner zögerlichen, aber ernsthaften Gebete kam in Form einer Person, Bob Cook. Nach kurzer Zeit wurde mir klar, dass ich einen leitenden Angestellten brauchte, der mir dabei half, das Unternehmen zu stützen und zu stärken. Bob war genau die richtige Person, und bald schon wurde er unser Vizedirektor. Es entwickelte sich eine tiefe Freundschaft, die jetzt bereits über dreissig Jahre andauert.

Ich konnte nur staunen, wie wir in der dunklen Zeit nach dem Verlust meines Vaters innerhalb weniger Wochen so wunderbar geführt und versorgt wurden – und ganz konkrete Hilfe erfuhren. Ich erinnere mich, dass ich damals dachte: «Bestimmt sind wir jetzt aus dem Gröbsten raus. Trotz allem, was geschehen ist, können wir jetzt unsere ganze Energie dem Aufbau des Unternehmens widmen.»

Aber erstaunlicherweise gerieten wir innerhalb weniger Monate in eine weitere Krise.

4

Das Feuer

Der Anruf kam um 2.00 Uhr nachts.

«Hier ist die Feuerwehr von North Ridgeville. Aus dem Dach Ihrer Fabrik schiessen meterhohe Flammen. Unsere Männer sind zur Stelle, kennen aber die Anlage nicht. Lagert dort explosives Material?»

Fassungslos starrte ich auf das Telefon. War das ein Albtraum? Erst, als der Anrufer seine Frage wiederholte, wurde ich von der Realität eingeholt. Unser Betrieb stand in Flammen! Als ich Minuten später am Brandort ankam, war ich zuerst wie betäubt. Unsere Lagerhalle brannte lichterloh. Spontan entschied ich mich, hineinzugehen.

Die Feuerwehrleute folgten mir widerwillig in die unheimliche, beissende Dunkelheit, während ich ihnen die Eingänge und Bereiche zeigte, wo leicht entflammbare Materialien aufbewahrt waren. Die Flammen hatten bereits einen Grossteil der Lagerhalle verzehrt und bewegten sich nun in Richtung der Produktionsanlage mit ihrer Holzdachstruktur. Wenn dieser Bau mit all den Maschinen und Ausrüstungen zerstört würde, bedeutete es das Ende. Meine ärgsten Befürchtungen, die ich bei der Entscheidung um den Erhalt des Familienunternehmens hatte, wären dann Wirklichkeit geworden.

Langsam bahnten wir uns einen Weg durch Berge glimmender Kartons und geschmolzener Metallgehäuse zur Vorderseite des Gebäudes. Wenn es uns gelingen würde, das Feuer zurückzudrängen, konnten wir vielleicht die Produktionsanlage und die Büros retten. Das war unsere einzige Hoffnung. Nach zwei Stunden, die uns wie eine Ewigkeit vorkamen, stellten wir erleichtert fest, dass wir es schaffen würden. Die Hauptflammenherde waren unter Kontrolle und die kleineren Feuer gelöscht.

Als sich am Morgenhimmel die ersten Sonnenstrahlen zeigten, erkannten wir das volle Ausmass des Schadens. Es war entsetzlich. Verbrannte Überreste der Deckenisolierung hingen wie schwarze Tropfsteine von den freigelegten Stahlbalken hinab, welche sich wiederum durch die enorme Hitzeentwicklung wie Lakritzfäden verzogen hatten. Acryl-Plastikteile waren durch die Hitze auf einen Bruchteil ihrer früheren Grösse zusammengeschrumpft. Absolut unidentifizierbare Trümmer lagen in grossen, glimmenden Haufen überall auf dem Boden verteilt. Die ganze Luft war von stechendem Rauch durchdrungen, der beissend in den Augen brannte.

Angesengt, aber nicht ausgelöscht

Wie knapp der Betrieb der totalen Zerstörung entgangen war, stellten wir erst fest, als wir die verkohlten, hölzernen Dachbalken des Hauptgebäudes überprüften. Das Feuer hatte sich vom Lager bis zur Produktionsstätte ausgebreitet, dennoch blieben die wichtigsten Maschinen funktionstüchtig, auch wenn sie mit einer hässlichen, braunen Teerschicht überzogen waren. Trotz des ekelhaften, stechenden Rauchs, der sich überall verbreitete, waren Akten und wichtige Daten erhalten geblieben. Dank dem enormen Einsatz aller Angestellten, die rund um die Uhr arbeiteten, und den verständnisvollen Lieferanten, die auf unsere dringenden Bestellungen eingingen, schafften wir es, jeden einzelnen Auftrag termingerecht auszuführen. Wir brauchten ein Wunder – und wir bekamen es!

Das Schicksal, so lernte ich, entfaltet sich in Momenten, in Wundern. In einem Moment der Tod, im nächsten ein Flammeninferno. Aber gleichzeitig erlebte ich, wie wir versorgt wurden; ich entdeckte einen Hoffnungsschimmer am Horizont, ein Wunder. Das Leben kann entmutigen und verwüsten, wenn es zu einem unnachgiebigen Amboss wird, auf dem Lektionen gnadenlos einhämmert werden. Aber derselbe Amboss kann auch den Charakter formen und Hoffnung erzeugen.

Für mich bedeutete die Weiterführung des Unternehmens weit mehr als eine wirtschaftliche Notwendigkeit. Ohne mir dessen vorerst bewusst zu sein, hatten mich der Tod meines Vaters und der Brandfall davon überzeugt, dass die Firma weiterbestehen musste. Welchem Schicksal der Betrieb auch entgegenging – mir war die Leitung des Unternehmens anvertraut worden und ich wollte diese Verantwortung wahrnehmen. So schmerzvoll diese Erfahrungen auch waren, sie vermittelten mir doch ein Verständnis für tiefere Wahrheiten – Wahrheiten, die für meinen weiteren Weg als Geschäftsleiter unbedingt erforderlich waren.

Derselbe Redner, der mich zum Lesen der Bibel herausgefordert hatte, öffnete mir auch das Verständnis für das Wirken Gottes in meinem Leben.

«Ein grosser Teil der Schrift wird für uns niemals von tief gehender Bedeutung sein, wenn wir nicht selbst die entsprechenden Erfahrungen machen. Aus diesem Grund hat Gott es zugelassen, dass alle seine Diener in der Bibel Schwierigkeiten erleben mussten – und aus genau diesem Grund müssen auch wir durch sie hindurch.»

Die andere Seite der Medaille

Die Schwierigkeiten, denen ich mich stellen musste, liessen mich nur schrittweise verstehen, wie Gott in unserem Leben wirkt und welche Bedeutung die Bibel hat. Doch langsam, aber sicher lernte ich wertvolle Lektionen.

Vaters vorzeitiger Tod brachte mich ich eine Abhängigkeit zu Gott, die ich auf andere Weise nicht erfahren hätte. Diese abrupte Wende hat meinen persönlichen Reifungsprozess wahrscheinlich um Jahre vorangetrieben, da sie mich lehrte, zu beten und Gott völlig zu vertrauen. Dazu bekam ich in der Praxis Intensiv-Crashkurse im Finanz- und Marketingbereich, aber auch in der Personal- und Betriebsführung.

Das vernichtende Feuer half mir auch zu verstehen, dass wir unsere Sicherheit nicht auf vergängliche Dinge abstützen dürfen. Fabriken, Maschinen, ja sogar Kunden, können heute hier sein und morgen fort, genauso wie Häuser, Geld oder Freunde. Wir können Sprinkleranlagen installieren (was wir auch taten!), unsere Versicherungssummen erhöhen und die üblichen Schutzmassnahmen ergreifen. Und doch – so wuchs in mir die Überzeugung – hat Gott das Leben so geschaffen, dass wir nie ganz sicher sein können, wenn wir ihn nicht voll mit einbeziehen.

In dieser schwierigen Zeit half mir ein Vers aus dem Buch der Sprüche, die richtige Blickrichtung beizubehalten: «Vertraue auf den HERRN mit deinem ganzen Herzen und stütze dich nicht auf deinen Verstand! Auf all deinen Wegen erkenne nur ihn, dann ebnet er selbst deine Pfade!» (3,5–6). Mir wurde bewusst: Wenn ich Gott alle meine Wege anvertraute, würde er sowohl über mir als auch über meinen Lieben wachen. Seine erstaunliche Fürsorge wurde durch ein Ereignis, das im Sommer nach dem Brand geschah, sogar noch deutlicher.

Humpty-Dumptys grösster Sturz

Carolyn, unser zweites Kind, wurde nach dem Tod meines Vaters geboren, aber noch vor dem grossen Brand. Sie war ein Jahr alt, als das Unglück geschah. Noch immer schaudert es mich, wenn ich daran zurückdenke. Wir waren mit Wendys Vater, der inzwischen verwitwet war, unterwegs in Richtung Norden zu unserem Sommerhaus. Er hatte ein neues Auto und wir waren noch nicht mit der Türverriegelung vertraut. Wir alle meinten, die Hintertüren seien fest verschlossen.

Während wir uns auf der kanadischen Autobahn befanden, sass Carolyn auf dem Rücksitz (es gab damals noch keine Kindersitze) und spielte friedlich mit einer selbstgemachten Humpty-Dumpty-Puppe, einem mit alten Nylonstrümpfen ausgestopften Kissen. Unser Schrecken war unbeschreiblich, als plötzlich die Hintertür aufsprang und Carolyn aus dem Wagen geschleudert wurde.

Glücklicherweise hatten wir gerade einen nicht asphaltierten Baustellenbereich erreicht, wo wir gezwungen waren, extrem langsam zu fahren. Carolyn fiel auf einen Erdhaufen, wobei die Puppe, die sie noch immer umklammerte, ihren Aufprall auf wunderbare Weise dämpfte. Nur Momente später nahmen wir sie in unsere Arme und stellten fest, dass ihr zarter Körper kaum einen Kratzer abbekommen hatte.

Jedes Mal, wenn wir an dieses Ereignis zurückdenken, sind wir neu überwältigt von der Tatsache, dass auf dieser dreihundertzwanzig Kilometer langen Strecke die Tür genau zu jenem Zeitpunkt aufsprang! Nie zuvor hatten wir auf derart dramatische Weise Gottes Bewahrung erlebt.

Natürlich achteten wir nach diesem Vorfall viel sorgfältiger darauf, wie die Türen verriegelt waren. Aber noch wichtiger war die Erkenntnis, dass es sich nicht um eine «geistliche Übung» handelt, dem Herrn unsere Wege anzubefehlen, sondern um etwas sehr Praktisches und Vernünftiges. Aus Gründen, die über unser damaliges Verständnis hinausreichten, stand er uns auf unserem Lebensweg wirklich bei – auf tausendfache, uns oft verborgene Art und Weise.

Es war beinahe so, als wäre eine «unsichtbare Hand» am Werk gewesen.

5

Die «unsichtbare Hand»

Adam Smith, dessen historisches Werk, *«The Wealth of Nations»* (Der Reichtum der Völker), 1776 veröffentlicht wurde, spricht von einer «unsichtbaren Hand», die den ganzen Welthandel lenkt.

Nur den Welthandel? Für mich häuften sich die Beweise, dass diese Maxime zu eng gefasst war – vielmehr bemerkte ich, dass *alles* Leben von einer unsichtbaren Hand gelenkt wurde. Die Erfahrungen, die ich bisher in meiner Ehe und in meinem Beruf gemacht hatte, lehrten mich, dass ein feiner und doch tiefer Einfluss mein Leben formen wollte – Gottes «unsichtbare Hand».

Im Rückblick hatte er bereits gegen Ende meiner Highschoolzeit seine Hand im Spiel, als es darum ging, mich für ein College zu entscheiden. Für mich kamen zwei Möglichkeiten in Betracht: Die eine war das Kenyon College, eine geisteswissenschaftliche Fakultät in Ohio, der ein episkopales Seminar angeschlossen war. Wenn ich dort hinginge, so argumentierte ich, könnte ich anschliessend im theologischen Bereich weiterstudieren und mir damit die Tür für einen kirchlichen Dienst offen halten. Die zweite Möglichkeit war vollkommen anderer Art. Sie bestand darin, mich am MIT (Technisches Institut von Massachusetts) zu bewerben, einer der besten amerikanischen Hochschulen für Ingenieurwesen und Naturwissenschaften. Eine Zulassung dort würde mich auf eine Karriere in der Wirtschaft vorbereiten.

Obwohl ich das Gefühl hatte, der geistliche Dienst sei irgendwie «das Richtige» (fragen Sie mich nicht, warum), zog mich mein Herz viel mehr in die andere Richtung. Mein Vater hatte seinen Abschluss als Elektroingenieur an der Universität von Toronto gemacht und tief in meinem Innern wollte ich ebenfalls Ingenieur werden. Als ich die Bewerbungen für diese beiden Hochschulen in den Briefkasten warf, war ich alles andere als sicher, wie meine Zukunft aussehen würde. Wenn die Wahl der Studienrichtung wirklich ausschlaggebend für die berufliche Laufbahn war, dann waren die Antworten dieser zwei Hochschulen entscheidend für meinen weiteren Lebensweg. Gespannt wartete ich auf den Bescheid der beiden Fakultäten.

Welche Richtung?

Zuerst kam eine Antwort von Kenyon mit einer uneingeschränkten Zusage. Ich freute mich zwar, aber nur verhalten. Würde ich wohl auch eine positive Antwort der MIT, meiner ersten Wahl, erhalten? Mir war bewusst: Der Wettbewerb um die Zulassung dort war genauso hart wie an allen Colleges im Land. Eine Woche verging, ein Monat, sechs Wochen – noch immer hatte ich keine Antwort. Dann kam sie. Ich war gerade zuhause, als der Postbote den lang ersehnten Brief mit dem Absender «Massachusetts Institute for Technology» überbrachte.

Ich hielt den Atem an ... und öffnete den Brief. Als meine Augen auf das Wort «Zusage» fielen, hallte im ganzen Haus ein lauter, langgezogener Freudenschrei wider, so dass meine Mutter gleich angerannt kam. Die Bedingung, im ersten Semester ein Durchschnittsergebnis von mindestens C+ zu erreichen, beunruhigte mich nicht weiter. Ich war angenommen! Nichts würde mich nun davon abhalten können, Diplom-Ingenieur zu werden. Somit hatte ich diese Laufbahn eingeschlagen und nicht die eines kirchlichen Dienstes. Heute bin ich überzeugt, damals von der «unsichtbaren Hand» Gottes gelenkt worden zu sein. Auf jeden Fall war ich an diesem Tag im Mai 1956 bestimmt der glücklichste Highschool-Absolvent in ganz Elyria.

Doch auch auf dem College bewahrte ich ein gewisses Interesse an geistlichen Dingen. Ich ging regelmässig zur Kirche und verteidigte bei religiösen Diskussionen energisch die

Existenz eines allmächtigen Gottes. Dabei hielt ich mich selbst für einen moralisch hochstehenden Menschen. Ich ging Schwierigkeiten aus dem Weg, zumindest ernsthaften Schwierigkeiten.

Die Nervensäge

Aber ich war auch vorsichtig, besonders bei meinem neuen Studienkollegen Dave. Er sagte mir häufig, ich müsse «wiedergeboren» werden, und gebrauchte dabei Ausdrücke, die ich aus meiner episkopalen Erziehung nicht kannte. Immer wieder tauchte er «rein zufällig» an der Kreuzung auf, wo ich meinen täglichen zehnminütigen Spaziergang begann. So sehr ich mich auch bemühte, ich konnte weder Dave noch den ärgerlichen Auseinandersetzungen ausweichen, die wir jedes Mal hatten, wenn es ihm wieder einmal gelungen war, mich abzufangen.

An dem, was Dave mir «verkaufen» wollte, war ich nicht interessiert. Ich hielt ihn für engstirnig, religiös und äusserst lästig. Er schien in einem Schema gefangen, und für jede seiner hübsch verpackten Theorien hatte ich ein Gegenargument.

Als Dave mich zu einer Evangelisationsveranstaltung mitnahm, ging ich aus Neugier mit und hörte einige der Argumente, die ich schon von Dave gewohnt war. Am Ende der Veranstaltung ging ich zur Bühne, wo mir ein Seelsorger mehrere Bibelstellen zeigte: «Hier siehst du, wie nach der Schrift eine Lebensveränderung möglich ist», erklärte er. «In Johannes 3,16 steht beispielsweise ... und in Römer 10 ...» Aber ich nahm es auch ihm nicht ab. Es erschien mir zu simpel. Es erforderte Glauben, und Glauben war meiner Meinung nach nicht mit dem Verstand vereinbar.

Obwohl ich nicht bereit war, diesen Argumenten zuzustimmen, hielt ich mich für eine geistlich offene Person, die eine gewisse Ehrfurcht vor Gott hatte. Ich fragte mich sogar aufs Neue, ob ich nicht doch einen geistlichen Dienst ausüben sollte – wenigstens für eine gewisse Zeit. Wirkte das nicht würdiger, als wenn ich mich gleich in eine weltliche Karriere stürzte?

«Ich hab's!», dachte ich. «Da ich eine zweijährige Grundausbildung habe, werde ich einen Einsatz als Kaplan bei der Luftwaffe machen.» Das klang erhaben, edelmütig. So wandte ich mich an Dr. Theodore Ferris, einen Verantwortlichen der Episkopalgemeinde in Boston, die ich sonntags meistens besuchte.

«John», begann er, «ich rate Ihnen davon ab, irgendeinen Dienst zu übernehmen, es sei denn, Sie fühlen sich klar dazu berufen. Warten Sie auf eine Berufung. Wenn sie echt ist, werden Sie es wissen.»

Kurze Zeit später begannen die Bewerbungsgespräche an der Fakultät. Boeing in Seattle bot mir als erstes eine Stelle an. Danach folgte ein Angebot eines viel kleineren Unternehmens aus der Raumfahrt, das in meiner Heimatstadt lag. Im vergangenen Sommer hatte ich dort als Laborant gearbeitet. Wenn ich die Stelle annähme, könnte ich nicht nur bei meinen Eltern wohnen, sondern wäre zudem bloss vierhundertachtzig Kilometer von Wendy entfernt, die immer noch am College der Universität von Toronto studierte.

Ich entschloss mich, bei Lear, der kleineren Firma, anzufangen. Dr. Ferris' weiser Ratschlag half mir dabei, diesen Weg mit gutem Gewissen einzuschlagen. Ich fühlte mich einfach nicht zu einem geistlichen Dienst berufen, und es wäre falsch gewesen, eine Berufung zu «produzieren».

Daher war es der Rechenschieber und nicht der Talar, der fortan meine Tätigkeit charakterisierte. Die «unsichtbare Hand» hatte eingegriffen – sie formte und führte meinen Lebensweg.

Eine lebendige Realität

Im Rückblick erkenne ich, dass ich während meiner Ausbildungszeit und den darauf folgenden Jahren geistlich in die falsche Richtung gegangen war. Immer wieder sperrte ich mich dagegen, wenn Gott versuchte, mich in eine wirkliche Beziehung zu ihm zu führen (Ich bin so dankbar, dass er mich nicht aufgegeben hat!). Obwohl mir das Christentum, so wie es mir in jener Zeit vorgestellt wurde, alles andere als attraktiv erschien, begann ich in anderen – besonders in Wendy und ihrer Familie – zu erkennen, dass der Glaube eine lebendige Realität sein kann. Für sie war Gott nicht fern. Er war ein persönlicher Gott, dem sie sich wie einem engen Freund nahten.

Wendys Vater war anglikanischer Geistlicher, der Vorsitzende eines theologischen Seminars, und auch ihre Mutter beteiligte sich aktiv am kirchlichen Leben. Was mich beeindruckte, war nicht ihr Status, sondern die Natürlichkeit, mit der sie ihre geistlichen Ansichten in ihr Leben integrierten. Sie lebten ihren Glauben freudig aus.

Doch mein grösstes Vorbild war Wendy. Obwohl sie einen Kompromiss eingegangen war, als sie mich, einen Ungläubigen, geheiratet hatte, lebte sie einen authentischen, zuversichtlichen Glauben. Mit ihrer unkomplizierten, ehrlichen und gewinnenden Art beeindruckte sie mich immer wieder. Ich beobachtete und bewunderte sie und dachte viel über Gott nach. Aber immer wieder zögerte ich, weil ich überzeugt war: Diese Angelegenheit mit dem Glauben widersteht jeglicher Logik. Und ich bin nicht bereit, meinen Verstand auszuschalten. Ich muss es *verstehen* können.

Jahre vergingen – einschliesslich meiner ersten Anstellung, der Gründung unserer Familie und der grossen Herausforderungen in den ersten Jahren im Familienbetrieb. Eine vielversprechende Karriere hatte begonnen, und es gab so viel, wofür ich dankbar sein konnte! Ich konnte nicht anders, als eingestehen, dass Gottes Hand in meinem Leben und Beruf zu erkennen war. Trotzdem wehrte ich mich vehement gegen alles, was ich nicht analysieren und mit meinem Verstand erfassen konnte. «Ich will keiner von denen werden», war mein fester Entschluss. Zudem liess ich mich vom Bild abschrecken, das ich mir von den Christen gemacht hatte. Meiner Meinung nach übernahmen sie blind, was man ihnen vorsetzte; sie waren dogmatisch, einfallslos und schlichtweg langweilig.

Doch mit jedem Jahr wuchs in mir das Gefühl, dass mir irgendetwas fehlte. Gottes unsichtbare Hand arbeitete noch immer an mir; sie stupste und stiess mich, regte mich an, doch endlich zu erkennen, dass es noch weit mehr gab.

6

Auf seltsame Weise erwärmt

John Wesley, der das Leben Amerikas im 18. Jahrhundert nachhaltig prägte und durch dessen Wirken die methodistische Glaubensrichtung entstand, erzählte einmal, dass sein Herz zum Zeitpunkt, als er sein ganzes Vertrauen auf Jesus Christus setzte, «auf seltsame Weise erwärmt» wurde.

Mit knapp dreissig Jahren war auch für mich der Moment gekommen, wo ich Gott mein Leben ganz bewusst übergeben wollte. Endlich liess ich die Zweifel fallen, die mich so viele Jahre gehindert hatten. Die Erlösung war nicht mein Werk, ich war einfach bereit, Gott den Platz einzuräumen, der ihm zustand. Um mich von meiner Schuld zu befreien, hatte er alles getan, indem sein Sohn, Jesus Christus, an meiner Stelle am Kreuz gestorben war. Es ging nicht darum, mich möglichst anzustrengen, um ihm zu genügen. Alles, was ich tun musste, war, seine Liebe zu erwidern und im Glauben seine ausgestreckte Hand zu ergreifen.

Endlich war ich bereit, alle meine Ängste und Vorbehalte beiseite zu legen und ihm mein Leben zu übergeben. Mein Gebet war einfach: «Herr, ich vertraue dir, und ich möchte dir ganz gehören.» Dabei konnte ich nur staunen, wie geduldig er die ganze Zeit über mit mir gewesen war.

Was ich nun empfand, war wohl das, was John Wesley mit «merkwürdig warm» umschrieben hatte. Wie bei ihm war auch bei mir zu jenem Zeitpunkt der Lebensübergabe etwas ganz Grundlegendes geschehen. Obwohl ich vieles noch nicht begriffen hatte, merkte ich, dass Gott mein Gebet ernstgenommen hatte. Er war nun kein ferner Bekannter mehr. Ich war jetzt Teil seiner Familie geworden. Ein jahrzehntelanger Prozess hatte endlich seinen Höhepunkt erreicht. In meinem Leben kam das entscheidende Puzzle-Teil endlich an seinen Platz.

Was ich zu jener Zeit empfand, ist schwer in Worte zu fassen. Es war wie das Ende eines langen Kampfes, die Ruhe nach dem Sturm. Ähnlich einem kleinen Kind, das mit Fieber in den Armen seiner Mutter einschläft und schliesslich gesund aufwacht. Ich wurde entspannter und fröhlicher. Das fiel auch meinen Mitmenschen auf! Ich hatte jetzt eine innere Freude, die weit mehr als oberflächliches Glück war. Es war ein Gefühl von Erfüllung und Zuversicht.

Heute erkenne ich, dass ich meinen Studienfreund Dave und später den Evangelisten zu Unrecht verurteilt hatte. Damals schien mir der Weg zu Gott, den sie mir aufzeigten, alles andere als attraktiv, da er einen Glaubensschritt ins Unbekannte erforderte. Es war mehr, als ich mit meinen Augen sehen oder mit meinem Verstand erfassen konnte.

Aber sie kannten die Wahrheit und wollten mir den entscheidenden Kern davon aufzeigen:

Der Weg in eine Beziehung zu Gott geschieht durch eine Art Tod, indem wir das Festhalten an unserem Leben und den alten Lebensgewohnheiten aufgeben und dann in der Wiedergeburt das neue Leben in Jesus Christus annehmen. Das war es, was sie mit dem merkwürdigen Begriff «Wiedergeburt» gemeint hatten. Dabei handelte es sich offensichtlich nicht um eine physische, sondern eine geistliche Angelegenheit.

Wessen Geschäft?

Mein Alltagsleben veränderte sich. Anfänglich machte ich mir keine Gedanken über die Auswirkungen, die dieser zentrale Schritt hin zu Gott auf meine Arbeit haben würde. Offen gesagt, war ich völlig auf die geistlichen Veränderungen in mir selbst konzentriert.

Mit der Zeit kamen jedoch Fragen auf, die denen glichen, mit denen ich mich schon früher auseinander gesetzt hatte:

Ist das Geschäftsleben wirklich meine Berufung, oder handelt es sich nicht vielmehr um eine persönliche Vorliebe? Sollte ich nicht eine direktere Form des christlichen Dienstes in Betracht ziehen?

Ich wollte Antworten auf diese wichtigen Fragen und schloss sie deshalb in meine Gebete ein.

Die Antworten kamen nicht sofort. Aber nach mehreren Monaten merkte ich zu meiner grossen Überraschung, dass ich es war, dem eine zentrale Frage gestellt wurde: War ich bereit, das Unternehmen aufzugeben und mich in eine ganz andere Richtung führen zu lassen?

Das wollte ich nun wirklich nicht hören. So konterte ich mit meinen besten Argumenten: Ich könnte das Familienerbe fortführen, für meine Mutter und meine Familie sorgen und meine technischen und geschäftlichen Erfahrungen anwenden. Schliesslich merkte ich, dass es hier nicht um eine Verhandlung mit Gott ging. Meine guten Gründe zählten nicht für ihn. Vielmehr wollte er die Tiefen meines Herzens erforschen und meine Motive prüfen.

Nach einer Zeit der Selbstprüfung rang ich mich durch zur schwersten Entscheidung, die ich je getroffen hatte. Ich war bereit, Gott meine ganze Zukunft und alles, was ich besass, zu übergeben – die Firma inbegriffen. «Diese Firma kann nicht gleichzeitig mir und dir gehören», betete ich. «Ich möchte weder an ihr, noch an etwas anderem festhalten, es sei denn, du führst mich so. Wenn du willst, dass ich auf meine berufliche Karriere verzichte und etwas anderes tue, dann bin ich bereit. Ich will dir sowohl die Zukunft des Unternehmens als auch meine eigene anvertrauen, wohin es auch immer gehen mag.»

Diese Entscheidung brachte den Wendepunkt. Irgendwie schien Gott auf diese grundsätzliche Bereitschaft gewartet zu haben, ihm alle Bereiche meines Lebens anzuvertrauen – einschliesslich meiner Arbeit. Als Antwort kam die unmissverständliche Bestätigung, genau an dem Ort zu sein, wo er mich haben wollte – im Geschäftsleben. Es war, als ob er mir sagte: «John, ich musste wissen, ob du bereit bist, mir immer und überallhin nachzufolgen. Aber du bist genau dort, wo du hingehörst. Ich habe dich ins Geschäftsleben berufen.»

Ich kann mich nicht erinnern, je wieder eine solche Art von Frieden und Bestätigung erfahren zu haben wie zu jener Zeit.

Glauben im Alltag

Die Bereitschaft, vor Gott alles loszulassen, und die Tatsache, dass er mir das Unternehmen erneut anvertraute, weckte in mir ein ganz neues Verständnis und Engagement für meine Arbeit. Nun war ich nicht länger auf mich selbst gestellt, immer unsicher, ob meine Entscheidungen und Handlungen auch richtig waren. Vielmehr besass ich jetzt eine grössere Gewissheit als jemals zuvor, am richtigen Platz zu sein – die Zweifel, Gottes höchste Berufung für mein Leben zu verfehlen, waren verschwunden.

Dennoch kristallisierte sich ein Thema heraus, das mir Sorgen bereitete: Wie sollte ich Glauben und Arbeit miteinander verknüpfen? Wenn ich mich umsah, beobachtete ich selten Gläubige, die ihren Glauben am Arbeitsplatz einbrachten. Ich erkannte praktisch keine Verbindung zwischen diesen beiden Welten. Ehrlicherweise musste ich zugeben, dass es bei mir auch nicht anders aussah. Der Sonntag schien nichts mit dem Rest der Woche, der Arbeitswelt, zu tun zu haben, wo andere Regeln galten. «Können diese beiden Welten, die so weit auseinander zu liegen scheinen, jemals miteinander verbunden werden?», so fragte ich mich. Noch war mir nicht bewusst, wie zentral diese Frage war, auf welche die moderne Gesellschaft schon lange eine Antwort sucht.

7

Zwei Welten – oder eine?

Seit ich mein Leben Gott hingegeben hatte, begann er mein Denken zu verändern. Immer mehr fiel mir auf, welch grosse Kluft auch bei mir zwischen dieser neuen Dimension des Glaubens und der praktischen Umsetzung am Arbeitsplatz bestand. Zwar erfuhr ich, wie manche Bibeltexte Wegweisung oder Trost in bestimmten Situationen vermitteln konnten, aber im Grossen und Ganzen bewegte ich mich in zwei getrennten Welten. In beiden Bereichen gab es beachtliches Wachstum – jedoch hatten sie grösstenteils nichts miteinander zu tun.

Während jener Zeit, Ende der sechziger Jahre, trafen wir einige Entscheidungen zur Erweiterung unseres Unternehmens. Tatsächlich war die Beckett Corporation jedes Jahr gewachsen (und dies geschah auch in den folgenden zwanzig Jahren, mit einer durchschnittlichen Wachstumsrate von 20 Prozent!). Um dies zu erreichen, waren immer wieder wichtige Weichenstellungen nötig. Dazu gehörten die Einstellung von qualifiziertem Personal in den Bereichen Verkauf und Technik, konzentrierte Marketing-Aktionen bei grossen Ölfirmen, Aufbau eines Netzwerkes von Händlern und Grosshändlern, Entwicklung einer neuen Generation von brennstoffreduzierten Ölbrennern sowie eine Erweiterung und Verbesserung unserer Produktionsanlage und deren Ausstattung.

Um die betriebliche Erweiterung zu finanzieren, mussten wir viel Kapital aufnehmen, waren aber dank eines ausreichenden Cashflows in der glücklichen Lage, unsere Schulden vorzeitig zurückzuzahlen. Obschon wir ein kleiner Fisch im grossen Teich waren, erhielten wir zunehmend Anerkennung für unsere Technologie und unseren guten Kundendienst. Wir waren ein junges, dynamisches und risikobereites Team. Langsam stellte sich der Erfolg ein.

Die Familie

Mein Job begeisterte mich, hatte aber nur wenig Bezug zu dem, was ausserhalb der Arbeit geschah. Kevin, unser erster Sohn, wurde 1967 geboren – zu einer Zeit, als meine Beziehung zum Herrn eine neue Tiefe gewann. Einige Jahre später kam unsere dritte Tochter, Catherine, zur Welt. Wendy und ich freuten uns an unseren vier Kindern, und es war uns ein Anliegen, sie liebevoll zu umsorgen. Trotzdem, mein grösster Wunsch war es, geistlich zu wachsen. Ich war wie eine junge Pflanze, die allmählich einen Trieb nach dem anderen hervorbrachte.

Gemeinsam mit Wendy besuchte ich eine ganze Reihe von christlichen Seminaren (die wir zum Teil auch finanziell unterstützten), was unserem Glauben eine solide Grundlage gab und uns vorwärts brachte. Wir trafen uns in Hauskreisen, wo wir Gemeinschaft mit anderen Gläubigen pflegten. Ausserdem entdeckten wir immer mehr gute christliche Literatur, die auch bei unseren Freunden auf grosses Interesse stiess. Dies bewog mich und einige andere Geschäftsleute, eine christliche Buchhandlung zu eröffnen, die den Grossraum Cleveland jahrelang mit biblisch-fundierten Büchern, Kassetten und Videos versorgte.

Die Bibel wurde immer mehr zu meiner wichtigsten geistlichen Lebensquelle. Der Entschluss zur täglichen Bibellese brachte gute Früchte hervor und bewirkte eine schrittweise Erneuerung meiner Gedanken. Aber noch immer setzte ich diese grossartigen Erkenntnisse nicht in Beziehung zu meiner Arbeit. Nach wie vor erkannte ich nicht, wie sie unsere Geschäftspolitik und -praxis positiv prägen konnten.

Dabei wollte der Herr, mit dem ich mehr und mehr vertraut wurde, mich gerade auch im Beruf in allen meinen Gedanken und Taten führen, wenn ich es ihm erlauben würde.

Tatsächlich dauerte es nicht lange, bis es zu einer Situation im Unternehmen kam, die mich zutiefst aufrüttelte und mich dazu trieb, die Nähe des Herrn zu suchen.

Das Erwachen

Beeinflusst von meinem Vater, war ich der Überzeugung, dass es für Unternehmen und deren Angestellte besser ist, nicht gewerkschaftlich organisiert zu sein. Allerdings war unser Einfluss, solche Bestrebungen zu verhindern, begrenzt – nach amerikanischem Gesetz haben Angestellte das Recht, jederzeit Arbeiterorganisationen zu gründen oder sich einer anzuschliessen. Allein die Vorstellung, auch unsere Beschäftigten könnten dies einst fordern, löste bei mir blankes Entsetzen aus. Doch eines Tages trafen meine Befürchtungen ein.

Die Nachricht über das Vorhaben unserer Angestellten, eine solche Vereinigung zu gründen, löste zunächst lähmende Angst aus. Doch aus der Angst wurde Ärger – Ärger darüber, dass einige unserer Beschäftigten einen solchen Schritt erwogen, anstatt sich mit ihren Anliegen direkt an die Geschäftsleitung zu wenden. Dann wurde mir nüchtern bewusst: Wir mussten handeln; und zwar war es äusserst wichtig, jetzt weise, aber entschieden vorzugehen, wenn wir ein Unternehmen bleiben wollten, deren Arbeiter nicht gewerkschaftlich organisiert waren.

Die Kampagne

Ich suchte mir einen ortsansässigen Anwalt für Arbeitsrecht, der für sein rigoroses Einschreiten gegen Organisationsversuche bekannt war. Er erklärte sich bereit, uns zu unterstützen. Dann, nach nur wenigen Wochen der Vorbereitung unserer Kampagne, verstarb er plötzlich an einem Herzinfarkt.

Der Druck dieser heiklen Situation trieb mich ins Gebet. Nach dem Tod des Anwalts dachte ich zunächst, es wäre besser, die Angelegenheit nun selbst in die Hand zu nehmen, statt noch einmal einen neuen Anwalt zu konsultieren. Als ich zu jener Zeit im Buch der Sprüche las, fiel mein Blick auf Kapitel 12,15, wo zu meiner Überraschung stand: «Der Weise aber hört auf Rat.»

Innerhalb weniger Tage hatten wir einen neuen Rechtsanwalt aus Cleveland gefunden, der uns, wie sich herausstellte, hervorragend beriet. Mit seiner hilfreichen Unterstützung gelang es uns, während der monatelangen Kampagne das Vertrauen der Angestellten zurückzugewinnen.

Während ich über diese Situation nachdachte, wurde mir vor allem eine Tatsache neu bewusst: Das Wichtigste, was wir bei einer Gewerkschaftsgründung verlieren würden, wäre der direkte Kontakt zu unseren Mitarbeitern. Meine damals etwa dreissig Mitarbeiter in der Produktion waren mir ein echtes Anliegen. Keine Organisation, die ständig zwischen Arbeitgeber und Arbeitnehmern vermittelte, konnte sich letztlich gleichermassen um sie kümmern und für sie sorgen wie ich. Vielmehr bestand die grosse Wahrscheinlichkeit, dass auf diesem Weg eine gute und enge Zusammenarbeit blockiert wurde.

Diesen Standpunkt nimmt auch die Bibel ein, zum Beispiel im Brief von Paulus an die Gemeinde der Epheser. Im sechsten Kapitel werden die Arbeitgeber an die Verantwortung erinnert, die sie gegenüber ihren Angestellten haben. Ihre Haltung soll die treue Fürsorge widerspiegeln, die jeder von uns von unserem himmlischen Vater erfährt.

Mit Hilfe eines guten Anwalts, voller Überzeugung und durchdachter Strategie teilten wir unseren Angestellten schliesslich unsere Sichtweise und unsere Anliegen mit. Dabei bewegten wir uns immer innerhalb der strikten Richtlinien, die uns vom National Labor Relations Board (einer staatlichen Arbeitsaufsichtsbehörde) auferlegt waren. Schliesslich wurde abgestimmt – und mit überwältigender Mehrheit entschieden sich die Angestellten dafür, auch weiterhin ohne Gewerkschaft zu bleiben.

Anpassungen

Mit grosser Erleichterung und Dankbarkeit staunten wir, wie Gott uns geholfen und uns durch diese schwierige Zeit geführt hatte. Aber wir wurden durch die Ereignisse auch wachgerüttelt. Mir wurde bewusst, dass wir die Kommunikation mit unseren Angestellten vernachlässigt hatten. Viele Aspekte unserer Unternehmenspolitik waren den Mitarbeitern nie richtig erklärt und zugänglich gemacht worden. Da gewisse Sozialleistungen ungenügend waren, leiteten wir unverzüglich Schritte zur Verbesserung ein. Wir entwickelten ein neues Mitarbeiterhandbuch und nahmen einige Änderungen in der Betriebsaufsicht vor. Ernster als zuvor wollten wir unseren Auftrag wahrnehmen, enger mit unseren Angestellten zusammenzuarbeiten, unsere Ziele und Absichten deutlicher zu vermitteln und die bestmöglichen Arbeitsbedingungen für jeden Einzelnen im Unternehmen zu finden.

Diese einschneidende Erfahrung machte mir klar, dass ich nicht mehr in zwei getrennten Welten leben konnte oder sollte. Seit über zehn Jahren konnte ich beobachten, welch grosses Interesse der Herr an meiner Arbeit hatte. War es da nicht töricht, ein Sonntags- und ein Werkstagsdenken und -handeln zu pflegen? Diese beiden Welten mussten so gut wie möglich in Einklang gebracht werden.

Es schien mir nur einen praktizierbaren und vernünftigen Weg zu geben, den Glauben wirklich zu leben – dann nämlich, wenn Gott über alle Lebensbereiche bestimmen konnte. Aber noch hatte ich nicht alles verstanden. Erst später begriff ich, dass es kulturelle Gründe gibt, weshalb es uns – insbesondere in unserer westlichen Gesellschaft – so schwer fällt, unseren Glauben und unsere Arbeit als Einheit zu verstehen.

Dieses Thema wollen wir in den Mittelpunkt des nächsten Teils dieses Buches stellen. Die dort aufgezeigten Einsichten haben nicht nur mein Denken grundlegend verändert, sondern auch das anderer Personen, denen ich sie im Laufe der Jahre weitergegeben habe.

Teil 2:

Der grosse Überblick

8

Kulturkriege

Als ich Ende der sechziger Jahre begann, mich für geistliche Zusammenhänge zu interessieren, stellte ich fest, wie unglaublich sich die Kultur in unserer westlichen Gesellschaft verändert hatte. In den fünfziger Jahren beispielsweise, als ich selbst Highschool und College besuchte, herrschte noch ein Klima mit gewissen ethischen Massstäben. Natürlich gab es auch damals Probleme, aber grundsätzliche Vorstellungen von Richtig und Falsch, Wahrheit und Lüge, Ehre und Unehre wurden eher verstanden und akzeptiert. Sie schienen mit der Gesellschaftsstruktur verwoben zu sein.

In den sechziger Jahren wurden diese Werte niedergerissen. Unsere Zivilisation wurde durch die Attentate auf Präsident John F. Kennedy und Martin Luther King, sowie durch das Verbot öffentlicher Gebete an Schulen, den Vietnamkrieg, Woodstock und diverse Studentenunruhen erschüttert. Die Umwälzungen jener Zeit bewirkten, dass sich grosse Teile unserer Gesellschaft noch weiter von den traditionellen Werten entfernten, welche ohnehin schon an Akzeptanz eingebüsst hatten. Auch auf die Geschäftswelt hatte diese Entwicklung einen starken Einfluss. Folgende Begebenheit, die sich vor einigen Jahren an der Harvard Universität ereignete, verdeutlicht diese Tendenz:

Als Gastreferent in einer Vorlesung über Ethik an der Wirtschaftsschule von Harvard sprach Charles Colson, der mit der Watergate-Affäre zu tun hatte und nun Leiter eines Missionsdienstes unter Gefangenen ist, über die Absage an traditionelle und biblische Werte. In einem seiner Bücher berichtet er, wie er den Studenten damals darlegte, Harvard werde nie eine gute Geschäftsethik lehren können, weil die Fakultät selbst nicht an absolute Werte glaube. Im besten Fall könne sie pragmatische Ansichten zur Geschäftspolitik vermitteln.

«Sie können keine ethischen Prinzipien lehren, weil sie nicht an die Existenz moralischer Werte glauben», erklärte er. «Aber ebenso sicher wie es Naturgesetze gibt, existieren auch moralische Gesetze. Wir wollen diese Tatsache nur nicht zugeben, weil wir dann nicht mehr alles tun können, was uns gefällt. Und das zu tun, was wir wollen, ist zur höchsten Tugend unserer Gesellschaft geworden. Institutionen wie Harvard – und vor allem Harvard – unterstützen und verbreiten dieses Wertesystem.»

Auf Colsons provokative Rede folgte teilnahmsloses Schweigen, dann höflicher Applaus. Da er mit einigem Widerstand gerechnet hatte, erkundigte er sich anschliessend bei den Organisatoren: «Warum haben die Studenten so zurückhaltend reagiert?»

«Die Thesen, die Sie vorgestellt haben, waren für die Zuhörer völlig neu», antwortete ein junger Mann. «Sie verfügen nicht über das Rüstzeug, um darüber zu debattieren.» (Jack Eckerd und Charles Colson: *«Why America Doesn't Work»)*

Unveränderliche Wahrheiten

Absolute Werte. Moralische Gesetze. Eine derartige Terminologie setzt einen Massstab voraus, an dem Wahrheit und Lüge gemessen werden können. Noch vor wenigen Jahren wäre die Reaktion auf Colsons Vorlesung anders ausgefallen. Es ist eine ernüchternde Tatsache, dass die Grundsätze, die Wirtschaftsstudenten heute gelehrt bekommen, nicht auf unveränderlicher Wahrheit, sondern auf moralischem Relativismus und Situationsethik gegründet sind. Damit werden sie jedoch der soliden Grundlage beraubt, die sie für ihre Arbeit benötigen. Im Gegensatz dazu haben Wirtschaftspublikationen aus den zwanziger Jahren – wie zum Beispiel der *Harvard Business Review* – regelmässig Bezug auf die Wahrheiten unseres jüdisch-christlichen Erbes genommen.

Doch so sehr Institutionen wie Harvard auch von den historisch-kulturellen Wurzeln unserer Nation abgewichen sind, der Ursprung des Problems liegt in Wirklichkeit viel weiter zurück. Wenn wir dem Ursprung der Geisteshaltung nachgehen, die noch heute die westliche Kultur prägt, wird uns das zu einem besseren Verständnis verhelfen, was nicht nur an unseren elitären Wirtschaftsschulen, sondern auch in vielen modernen Unternehmen in der westlichen Welt vor sich geht. Zudem wird es uns helfen, auch unsere eigene Haltung gegenüber unserer Arbeit und Berufung neu zu überdenken.

Um dieses eher philosophische Thema zu erörtern, muss ich die Ausführungen über meine praktischen Geschäftserfahrungen kurz unterbrechen. Wenn Sie so wie ich veranlagt sind, kostet es Sie ein bisschen Überwindung, um sich in philosophische Überlegungen zu vertiefen. Aber es lohnt sich, davon bin ich überzeugt. Für mich war es eine geradezu revolutionäre Entdeckung, wie sehr ein über dreitausend Jahre zurückliegendes Gedankengebäude unsere Gesellschaft, in der wir leben und arbeiten, geprägt hat.

Die nachstehenden Ausführungen werden auch die Grundlage zum dritten Teil des Buches «Die praktische Umsetzung» legen. Dort werde ich aufzeigen, wie wir eine andere – nämlich die biblische – Perspektive in unseren Geschäftsalltag übertragen. Bald werden Sie sehen, wie sich alles ineinander fügt.

Bleiben Sie also angeschnallt! Aufkommende Turbulenzen werden nur von kurzer Dauer sein. Und bevor Sie es bemerken, setzen wir zum Landeanflug an.

9

Das griechische Erbe

Einige Jahre nach meiner Bekehrung, als mein geistliches Leben neue Tiefe und Bedeutung erhielt, begann ich zu entdecken, wie einzigartig die Bibel auf den Alltag übertragbar ist. Aber mir wurde auch bewusst, wie sehr sich die biblische Sicht von meinem Denken unterschied, das von meiner Erziehung und Erfahrung geprägt war.

In der westlichen Kultur ist die Linse, durch die wir die Welt betrachten, von fast dreitausend Jahre altem, griechischem Gedankengut getönt. Folgende Namen sind Ihnen bestimmt bekannt: Homer, Thales, Sokrates, Plato, Aristoteles. Das Denken und die Lehren dieser Philosophen beeinflussen unsere Weltanschauung noch heute.

Die griechischen Denker haben uns viel Gutes überliefert, von der Mathematik und den wissenschaftlichen Arbeitsmethoden bis hin zur wunderschönen Sprache des Neuen Testaments und dem hypokratischen Eid, den die Ärzte bis noch vor wenigen Jahrzehnten wörtlich befolgten.

Aber unser griechisches Erbe beinhaltet auch gefährliche Aspekte. Die griechischen Philosophen, die den wahren Gott der Juden ignorierten, schufen mystische, auf den Menschen ausgerichtete Theorien, um die Welt um sie herum zu erklären.

Einige dieser Erklärungsversuche, wie zum Beispiel die homerischen Feuer- und Donnergötter, die auf Bergspitzen wohnten, wurden später grösstenteils verworfen. Vierhundert Jahre nach Homer und vierhundert Jahre vor Christus wich Aristoteles von dieser Art der Mythologie ab. Er beschrieb «Gott» als eine unendliche, unpersönliche, sich selbst entwickelnde Energiequelle – und genau dieser Ansatz bildet die Grundlage der modernen New Age-Philosophie.

Ohne den Gott der Bibel werden die Menschen sich selbst überlassen. Im fünften Jahrhundert vor Christus hat Protagoras diese Tatsache in seiner berühmten Maxime, «Der Mensch ist das Mass aller Dinge», auf den Punkt gebracht.

Auch wenn sie falsch sind, sterben solche Vorstellungen nicht so leicht aus. In vielen Bereichen rühmt die Gesellschaft das griechische Gedankengut. An den Eröffnungsveranstaltungen der Olympischen Spiele, in neuen Zeitschriften, Radio- und Fernsehprogrammen, Kinofilmen, Geschäftsseminaren oder auch in den Lehrplänen unserer Schulen: Überall wird dem griechischen System gehuldigt.

Absolut oder relativ?

Der Ursprung des moralischen Relativismus beispielsweise liegt nicht in Harvard oder einer anderen Universität. Schon Sokrates liess seine Schüler mit seiner berühmten «dialektischen Methode» selber herausarbeiten, was für sie Güte und Gerechtigkeit bedeutete. Indem sie sich ihre persönlichen Vorstellungen von Richtig und Falsch machten, rechtfertigten sie ihren jeweiligen Lebensstil. Sokrates konnte nicht absolute Massstäbe lehren, die er selbst nicht anerkannte. Auch wir können das nicht.

Die griechische Denkweise wirkt sich auch auf andere Bereiche aus; sie hat einen bedeutenden Einfluss auf unsere allgemeine Haltung zum Geschäftsleben und insbesondere zu unserer eigenen Arbeit. Um diesen Einfluss zu verstehen, müssen wir uns die geschichtliche Entwicklung vergegenwärtigen.

Die Griechen konnten sich nicht vom Konzept des Dualismus lösen. Die Vorstellung von einer höheren und einer niedrigeren Ebene von Ideen und Tätigkeiten wurde am deutlichsten von Plato vertreten. Er versuchte, unveränderliche, universelle Wahrheiten festzulegen, indem er sie dem höheren von zwei unterschiedlichen Bereichen zuordnete. Diesem oberen Bereich, den er «Form» nannte, teilte er ewige Dinge zu. Den unteren Bereich nannte er «Materie». Dieser beinhaltete zeitliche und physische Dinge. Platos Hauptinteresse lag in der höheren Ebene der Form, die er als wichtiger erachtete als den vergänglichen und unvollkommenen Bereich der Materie.

Interessant wird es, wenn wir uns anschauen, welcher Ebene Plato Arbeit und Beruf zuordnete. Was meinen Sie? Dem unteren Bereich!

Dualismus im christlichen Zeitalter

Fast tausend Jahre später – im fünften Jahrhundert nach Christus – versuchte Augustinus, das platonische und das christliche Gedankengut miteinander zu verschmelzen. Infolgedessen unterschied man auch hier zwischen einem «kontemplativen» und einem «aktiven» Leben. Es war dieselbe Unterscheidung zwischen einer höheren und einer niedrigeren Ebene, nur mit anderen Bezeichnungen. Die höhere Ebene wurde mit geistlichen Beschäftigungen gleichgesetzt, die als heilig galten. Dazu gehörten Bibelstudium, Predigen und Evangelisation. Andere Dinge hielt man für weltlich, profan und weniger vornehm.

Wo siedelte Augustinus wohl Arbeit und Beruf an? Genauso wie Plato vor ihm – auf der unteren Ebene!

Im dreizehnten Jahrhundert unterstützte Thomas von Aquin diese geringschätzige Vorstellung von Arbeit, als er den Dualismus des griechischen Denkens in seinen Lehrgebäuden aufrechterhielt. Er kategorisierte das Leben ebenfalls in zwei Ebenen, die er «Gnade» und «Natur» nannte. Offenbarungen, die Einsichten in geistliche Angelegenheiten gaben, ordnete er dem oberen Bereich der Gnade zu. Im unteren Bereich hingegen war der «natürliche» Intellekt des Menschen ganz auf sich selbst gestellt.

Handel und Beruf rangierten auf der unteren Ebene, schliesslich waren dafür keine höheren Offenbarungen erforderlich. Laut Thomas von Aquin reichten für sie der menschliche Intellekt und ein gutes Urteilsvermögen aus.

Niedriger oder höher?

Nun wollen wir sehen, wie es sich in der Gegenwart mit dieser Unterscheidung verhält.

Francis Schaeffer, einer der grössten Denker unserer Zeit, befasste sich mit den Auswirkungen dieses dualistischen Denkens in der jüngeren Vergangenheit. In *«A Christian Manifesto»* (Ein christliches Manifest) spricht er vom fehlerhaften Verständnis dieses Bereichs durch das Christentum, was vor allem durch die pietistische Bewegung des 17. Jahrhunderts noch gefördert wurde:

«Der Pietismus begann als gesunder Protest gegen den Formalismus und ein zu abstraktes Christentum. Aber er vermittelte eine problematische, 'platonische' Geistlichkeit. Der Pietismus hatte insofern einen platonischen Aspekt, als er eine strikte Trennung zwischen der 'geistlichen' und der 'materiellen' Welt machte, wobei er der 'materiellen' Welt wenig oder gar keine Bedeutung beimass. Dem grössten Teil der menschlichen Lebensbereiche wurde dadurch nur ein unbedeutender Wert zugebilligt. Das bewirkte wiederum, dass Christentum und Geistlichkeit in einen kleinen, isolierten Raum abgedrängt wurden.»

Zusammengefasst heisst das: Eine solche Weltanschauung macht es in letzter Konsequenz «unmöglich», Gott als Geschäftsmann oder Geschäftsfrau zu dienen. Für mich war das eine überraschende Erkenntnis!

Nun meine Frage an Sie: Hat diese Sichtweise Sie beeinflusst – genauso wie mich?

Zweitrangig?

Obwohl Tausende von Jahren alt, beeinflusst und verzerrt die Weltanschauung der Griechen unsere Einstellung zur Arbeit noch heute. Jahrelang war ich der Meinung, mein Engagement im Unternehmen sei zweitrangig – zwar notwendig, um meine Familie zu ernähren, aber irgendwie doch minderwertig im Vergleich zu geistlichen Beschäftigungen von Predigern oder Missionaren. Ich war überzeugt, dass man die

Arbeit aufgeben und in einen «vollzeitlichen christlichen Dienst» treten müsse, um Gott wirklich dienen zu können. Im Laufe der Zeit habe ich unzählige andere Geschäftsleute getroffen, die genauso dachten.

Der Grund dafür ist offenkundig: Unsere Kultur ist durch und durch vom Dualismus durchdrungen, wodurch das Geschäftsleben und die meisten anderen Beschäftigungen der niedrigeren, materiellen, weltlichen Ebene zugeordnet werden. So betrachtet entsteht der Eindruck, es fehle ihnen an Würde, Geistlichkeit und innerem Wert und spricht ihnen die hohe Bedeutung ab, die sie verdienen.

Schaeffer, der über das Erbe von fast drei Jahrtausenden griechischen Denkens Bilanz zieht, präsentiert eine völlig andere Sicht von wahrer Geistlichkeit:

«Wahre Geistlichkeit umfasst nicht nur alle Lebensbereiche, sondern betrachtet sie auch alle als gleichwertig. In diesem Sinne gibt es im gelebten Alltag nichts, was nicht geistlich sein könnte.»

Das ist wirklich eine total andere Art, die Welt und unsere Arbeit zu betrachten. Sie hat mir dazu verholfen, meine Geschäftstätigkeit als hohe Berufung zu erkennen.

Um diese Weltanschauung zu übernehmen, musste ich aber zuerst die andere Sichtweise verstehen.

10

Eine andere Sichtweise

Der jüdische Talmud überliefert die Geschichte eines älteren Rabbis, der seinem jungen Neffen einen Rat gibt. Der Junge kannte bereits die Thora, das Gesetz des Alten Testaments. Jetzt wollte er die Weisheit der Griechen studieren.

Der Rabbi erinnerte sich an Gottes Worte an Josua: «Du sollst Tag und Nacht darüber [über das biblische Gesetz] nachsinnen» (Jos. 1,8).

«Geh nun!», sagte der Rabbi. «Suche dir eine Zeit, die weder Tag noch Nacht ist, und lerne *dann* die Weisheit der Griechen.»

Wie dieser Rabbi, der wenig Wert auf das Studium griechischer Philosophie legte, so rang zu seiner Zeit Tertullian, ein früher christlicher Theologe, mit dem Konflikt zwischen griechischem und jüdischem Denken. Er stellte die Frage: «Was hat Athen mit Jerusalem zu tun?» (Christian Overman, *«Assumptions That Affect Our Lives».)*

Der Unterschied lag darin, dass die Quellen grundverschieden waren. Die Juden vertrauten auf die direkt von Gott inspirierte Offenbarung. Die Griechen jedoch, die den wahren Gott nicht kannten, waren auf menschliche Vernunft angewiesen.

Die verschiedenen Quellen führten zu verschiedenen Resultaten. Die jeweiligen Auffassungen über Gott, den Ursprung der Welt, über absolute Werte oder Wahrheit führten zu unterschiedlichen Weltanschauungen.

Allgemeine Prinzipien

Abraham Kuyper, ein namhafter christlicher Denker, der zu Beginn des 19. Jahrhunderts Premierminister der Niederlande wurde, sprach im Jahr 1868 zu den Studenten des Princeton Theological Seminary. Über das Wesen der Weltanschauung sagte er Folgendes:

«Genauso wie jede Pflanze Wurzeln hat, so versteckt sich hinter jeder Manifestation von Leben ein Prinzip. Diese Prinzipien sind miteinander verbunden und haben ihre gemeinsame Wurzel in einem Grundprinzip. Von diesem Grundprinzip hat sich in logischer und systematischer Weise ein ganzer Komplex von Leitgedanken und -vorstellungen entwickelt, welche unser Leben und unsere Weltanschauung bestimmen.» (Abraham Kuyper, *«Christianity: A complete World and Life System»)*

A. W. Tozer beschreibt in seinem Buch, *«The Pursuit of God»,* die Auswirkungen der dualistischen Weltsicht:

«Eines der grössten Hindernisse für den inneren Frieden der Christen besteht durch die weit verbreitete Gewohnheit, ihr Leben in zwei Bereiche zu unterteilen – einen geistlichen und einen säkularen (weltlichen). Aber dies ist absolut unnötig. Wir haben uns in ein Dilemma hineinmanövriert, das gar nicht existiert, sondern nur auf einem Missverständnis beruht. Die Unterteilung in geistlich und säkular findet keine Grundlage im Neuen Testament.»

Biblisches Denken ist nicht dualistisch. Dort gibt es keinen «höheren» und «niedrigeren» Bereich. Der Psalmist sagt: «Des HERRN ist die Erde und ihre Fülle» (Ps. 24,1). Im Alten Testament gab es zwar die Unterscheidung von Heiligem und Säkularem, aber sie war zeitlich begrenzt und wurde im Neuen Testament aufgehoben.

Die Art, wie wir unsere Arbeit einstufen, wird also durch die Weltanschauung, die wir uns aussuchen, bestimmt – entweder durch das griechische oder das biblische (jüdischchristliche) Modell.

Ganzheitliches Leben

Larry Peabody beleuchtet die biblische Sicht über Arbeit in *«Secular Work is Fulltime-Service»* (Arbeit ist ein Full-Time-Job). Es ist das hilfreichste Buch zu diesem Thema, das ich je gelesen habe:

«Gott unterteilt das christliche Leben im Neuen Testament nicht in geistliche und säkulare Bereiche. Er beschreibt es vielmehr als einheitliches, ganzheitliches Leben, in dem wir ihm voller Hingabe dienen können, auch mit unserer alltäglichen Arbeit. Die wunderbare, befreiende Wahrheit besteht darin, dass Gott in Christus das Unmögliche vollbracht hat: In Christus wurde das, was einst säkular war, geheiligt. Die Trennung zwischen den Bereichen wurde aufgehoben: 'Denn alles, was Gott geschaffen hat, ist gut und nichts ist verwerflich, wenn es mit Danksagung genommen wird; denn es wird geheiligt durch Gottes Wort und durch Gebet' (1. Tim. 4,4–5).»

In seinem ausgezeichneten Buch, *«Assumptions That Affect Our Life»* (Annahmen, die unser Leben beeinflussen), beschreibt Christian Overman den Gegensatz zwischen griechischem und biblischem Denken anhand zweier Diagramme.

Abbildung 1 illustriert die im vorherigen Kapitel beschriebene Zweiteilung – der höhere Bereich, der geistlich, und der niedrigere, der säkular ist. Dies ist die Weltanschauung der Griechen:

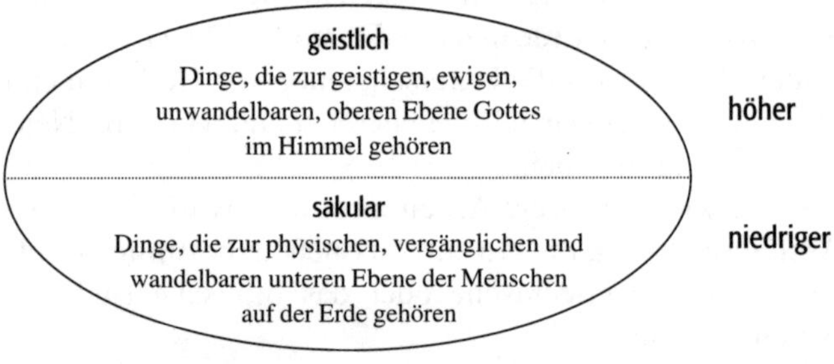

Abbildung 1: Griechische Weltanschauung (Dualismus).

Wie bereits festgestellt, werden in der griechischen Weltanschauung Geschäft und Beruf zwangsläufig in der niedrigeren Ebene eingeordnet. Im Gegensatz dazu besagt die biblische Weltanschauung, dass alle Dinge gut sind, wenn sie mit Gottes ursprünglichen Absichten übereinstimmen; sie sind jedoch schlecht, wenn sie im Widerspruch zu ihnen stehen.

Abbildung 2: Biblische Weltanschauung.

Abbildung 2 enthält eine Auflistung von Lebensbereichen und Aktivitäten, deren Reihenfolge keine Wertung darstellt. Die Unterscheidungen zwischen geistlich und säkular, höher und niedriger, existieren nicht. Nach Overman besteht Gottes Absicht darin, dass «jeder Aspekt der menschlichen Existenz und jede gottgegebene Institution gleicherweise verpflichtet ist, in Übereinstimmung und nicht im Widerspruch zu Gottes Willen zu funktionieren».

Der entscheidende Faktor

Jeder der aufgeführten Bereiche kann entweder in Übereinstimmung oder im Widerspruch zu Gottes ursprünglicher Absicht stehen. Nehmen Sie zum Beispiel die Kunst. Egal, ob es sich um Malerei oder Bildhauerei handelt – je nachdem, zu welcher Ausführung sich der Künstler entschieden hat, beeinflusst er den Betrachter in eine Richtung, die gut und ehrbar, oder aber in eine, die niedrig, verwerflich, ja böse ist. Unser Familienleben, unsere Arbeit, Medizin, Sport – sogar die Sexualität – sie alle können Gott entweder ehren oder verunehren. Daher ist der entscheidende Faktor nicht, ob eine Aktivität der «höheren» oder «tieferen» Ebene zugeordnet wird, sondern ob sie in Übereinstimmung oder im Widerspruch zu Gottes Willen steht.

Erst als mir der Unterschied zwischen diesen Weltanschauungen völlig bewusst wurde, erkannte ich, wie sehr mein Denken vom griechischen Dualismus geprägt war. In krassem Gegensatz dazu zeigte mir die Bibel, meine Arbeit als etwas anzusehen, das grossen Wert für Gott hat – vorausgesetzt, ich war bemüht, sie mit seinen Massstäben in Übereinstimmung zu bringen. Als entschiedener Christ und Geschäftsmann war ich nicht länger ein Bürger zweiter Klasse. Ausserdem musste ich meine christlichen Überzeugungen und biblischen Werte nicht mehr am Eingang meines Büros zurücklassen, wenn ich am Montagmorgen zur Arbeit ging.

Eine biblische Weltanschauung kann erstaunliche Auswirkungen auf unsere vom griechischen Denken geprägte, westliche Welt haben. Wenn wir es wollen, finden wir in der Heiligen Schrift konkrete Aussagen über Regierung, Wirtschaft, Erziehung, Wissenschaft, Kunst, Kommunikation und – ja, auch über das Geschäftsleben! Die Bibel spricht wirklich in unser ganzes Leben hinein.

11

Wahrheit, die Bestand hat

Durch mein Bibelstudium erkannte ich immer deutlicher, wie weit sich die Geschäftswelt von den Wahrheiten entfernt hatte, die uns so viele Jahre lang den richtigen Weg gewiesen hatten. Seit den Anfängen unserer Nation war die Grundlage, der unsere Ideen und Werte entstammten, nicht das griechische, sondern das biblische Gedankengut. Wir müssen unseren Vorfahren und ihren Nachkommen dankbar sein, dass sie für die nachfolgenden Generationen ein solch solides Fundament legten, dessen Auswirkungen bis ins heutige Amerika hineinreichen.

Aber so sehr diese festen (und erfolgreichen) Ideen uns lange Zeit gedient hatten, so verloren sie in der Bevölkerung mit erschreckender Geschwindigkeit an Akzeptanz. Stattdessen schiessen überall «moderne», humanistisch geprägte Alternativmodelle wie Pilze aus dem Boden. Rückblickend gesehen war das griechische Gedankengut stets unterschwellig vorhanden.

Es ist noch nicht lange her, da reichte statt langer, komplizierter Verhandlungen ein einfacher Handschlag. Erinnern Sie sich? Wissen Sie noch, wie selten Sie die Haustür abschlossen, oder wie Sie, ohne zu zögern, in der Dunkelheit einen Spaziergang in der Nachbarschaft unternahmen?

Leider hat ein enormer Wertezerfall die positiven Charaktereigenschaften verdrängt, die einst das Markenzeichen unserer Nation waren. Dies macht auch die weithin bekannte Arbeit von Stephen Covey, einem der meist geachteten Autoren und Dozenten über Wirtschaftsfragen, deutlich.

Eine radikale Abkehr

In seinem Bestseller, *«The Seven Habits of Highly Effective People»* (Die sieben Gewohnheiten von sehr erfolgreichen

Personen), drückt Covey das in Zahlen aus, was auch ich im Geschäftsalltag festgestellt habe – eine radikale Abkehr von den historischen Werten unserer Nation. Er führte eine breit angelegte Studie über die Erfolgsliteratur durch, die seit 1776 in den USA veröffentlicht wurde. Dabei machte er eine alarmierende Entdeckung:

«Die Erfolgsliteratur der vergangenen fünfzig Jahre war oberflächlich ... angefüllt mit ... Methoden und schnellen Lösungen ... mit sozialen 'Heftpflastern' und 'Aspirin' ... In krassem Gegensatz dazu konzentrierte sich fast die gesamte Literatur der ersten etwa 150 Jahre auf das, was man als Charakter-Ethik bezeichnen könnte. Als Grundlage für den Erfolg galten Dinge wie Integrität, Demut, Treue, Masshalten, Mut, Gerechtigkeit, Geduld, Fleiss, Einfachheit, Bescheidenheit und die goldene Regel, die aus den Worten Jesu besteht: 'Alles nun, was ihr wollt, dass euch die Leute tun sollen, das tut ihnen auch!' (Matth. 7,12). Demzufolge haben wir in nur etwas mehr als einer Generation die Werte, die unsere Geschichte prägten, weitgehend aufgegeben.»

Lektionen, die ich in meiner Kindheit lernte, hinterliessen einen unauslöschlichen Eindruck – zum Beispiel, als meine Eltern in das Geschäft zurückgingen, wo sie gerade noch ihre Einkäufe gemacht hatten, um zu viel ausbezahltes Wechselgeld zurückzuerstatten. Oder der Tag, an dem mein Vater und ich eine Schubkarre im Kofferraum unseres Autos transportierten und nicht merkten, dass wir sie unterwegs verloren hatten. Als wir zurückfuhren, um sie zu suchen, entdeckten wir sie am Strassenrand. Ein freundlicher Mann, der den Vorfall beobachtet hatte, blieb bei ihr stehen, um sicherzustellen, dass wir sie auch wirklich zurückbekamen. Ein anderes wichtiges Vorbild war Max, mein erster Vorgesetzter und Mentor, der sich gegen jede Form unehrlichen Verhaltens wehrte – angefangen von gefälschten Spesenabrechnungen bis hin zu überzogenen Budgetangaben in Regierungsverträgen. Die «Das tut ja jeder»-Mentalität wurde weder von meinen Eltern noch von Max geteilt.

Die biblische Wurzel

Bei der Lektüre der Bibel fiel mir auch auf, wie sehr sie sowohl feste Massstäbe als auch charakterliche Qualitäten betont. Ihre moralischen Grenzen sind eindeutig. Drei der von Covey genannten Wesenszüge – Integrität, Demut und Gerechtigkeit – sind vorherrschende Themen in der Schrift. In nur zwei Büchern der Bibel – den Psalmen und Sprüchen – findet sich das Wort Rechtschaffenheit (gleichbedeutend mit Lauterkeit oder Integrität) neun Mal, Demut elf Mal und Gerechtigkeit ganze neunundzwanzig Mal.

Ich habe entdeckt, dass allein schon das Buch der Sprüche eine wahre Goldgrube an praktischer Weisheit und Erkenntnis ist. Bei einem Geschäftsessen brachte es ein Redner folgendermassen auf den Punkt: «Wollen Sie wissen, wie man ein Unternehmen führt? Besorgen Sie sich eine Bibel und lesen Sie das Buch der Sprüche!»

Im Laufe der Jahre bin ich zu der festen Überzeugung gelangt, dass es für uns von unschätzbarem Wert ist, die ewigen Wahrheiten der Bibel gut zu kennen. Auch die Heilige Schrift bezeugt ihren eigenen Wert und ihre Gültigkeit: «Alle deine Gebote sind Wahrheit», sagt der Schreiber des 119. Psalms. Und von ihrer Beständigkeit sagt er: «In Ewigkeit, HERR, steht dein Wort fest in den Himmeln.»

Die Beute braten

Die Bibel ist weit mehr als ein theoretisches Buch. Sie ist ein verlässlicher und praktischer Kompass für alle wichtigen Entscheidungen. Es mag Sie vielleicht überraschen, dass ein Vers aus dem 12. Kapitel im Buch der Sprüche etwas mit meinem Entschluss, dieses Buch zu schreiben, zu tun hatte. Dort heisst es frei aus dem Englischen übersetzt: «Der Faule brät nicht, was er erjagt hat.» Ganz offensichtlich sagt dieser Vers nichts übers Bücherschreiben! Der Zusammenhang zeigt jedoch auf, wie ein Jäger im Wald ein grosses Tier tötet, aber die mühsame Arbeit unterlässt, es nach Hause zu tragen, zu häuten, zu zerlegen und andere damit mit Nahrung zu versorgen.

«Ich bin nicht wie dieser Mann», dachte ich. «Ich arbeite hart und bin alles andere als faul.» Doch dann erinnerte mich der Herr daran, dass ich in all den Jahren im Geschäftsleben einen reichen Erfahrungsschatz gesammelt hatte. Er zeigte mir Dinge, die sicher auch anderen eine Hilfe sein konnten. Wenn ich nicht darüber schreiben würde, wäre ich faul wie der Jäger, der das erlegte Tier nicht gebraten hatte. Das Resultat dieser Worte aus dem Buch der Sprüche halten Sie in der Hand! Dies ist ein Beispiel dafür, dass die Bibel praktische Wegweisung für anstehende Entscheidungen bieten kann.

Die Bibel ist eine unerschöpfliche Quelle, ein zuverlässiger und vertrauenswürdiger Führer. Sie ist für mich wie ein Kompass geworden. Je mehr Zeit ich mit ihr verbringe, desto mehr werde ich belehrt, herausgefordert und durch ihre ewigen Wahrheiten ermutigt, die in jeden Bereich meines Lebens hineinreichen – auch in den Arbeitsalltag!

Lernen im Arbeitsalltag

Wenden wir uns jetzt in Teil 3 der praktischen Umsetzung zu. Im Arbeitsalltag begegnen uns täglich Dinge, die Weisheit und Einsicht benötigen, um richtige Entscheidungen zu treffen. Trotz aller Fehler und Mängel soll die Beckett Corporation hierfür als Beispiel dienen. Schliesslich war sie unser «Laboratorium», wo wir in der Praxis viel gelernt haben. Oft sind wir gestolpert, haben uns aber immer wieder aufgefangen und konnten vorwärts gehen.

Ich werde nicht nur über unsere Erfahrungen berichten, sondern die Lektionen, die wir sowohl in der Produktion als auch in der Führungsetage gelernt haben, mit den Erkenntnissen der Bibel in Zusammenhang bringen. Das ist schliesslich das Ziel, welches ich mit diesem Buch verfolge. Denn Menschen kommen und gehen, aber das Wort Gottes bleibt. Seine Wahrheiten gelten für alle Zeiten und Generationen.

Ich möchte auch unterstreichen, dass die einzelnen Dinge, die wir in unserem Betrieb gelernt haben, je nach Situation mehr oder weniger auf Ihr Unternehmen übertragbar sind.

Genauso wie Sie als Person einzigartig sind, ist es auch jedes Unternehmen – es hat sein eigenes Firmenprofil, das durch Mitarbeiter, Geschichte, Produkte, Dienstleistungen, Gepflogenheiten und sogar Probleme geprägt ist. Wenn es um die praktische Umsetzung von Lektionen geht, die auf Erfahrungen eines anderen beruhen, ist der Ratschlag hilfreich, den mir ein Freund beim Fischessen erteilte: «Wichtig ist, den Fisch zu essen und die Gräten auszuspucken!» Wenn Sie der Meinung sind, etwas nicht auf Ihre Situation übertragen zu können, dann lassen Sie es einfach beiseite.

Aber ich bin mir sicher, dass Sie ebenso wie wir die beiden folgenden Grundwahrheiten entdecken werden: Erstens gibt es entscheidende Aspekte des Glaubens, die Sie in Ihre Arbeit einbringen können; und zweitens kann die Bibel als verlässlicher und unfehlbarer Leitfaden dienen, um diese Verbindung herzustellen.

Möge das, was wir gelernt haben – und noch immer lernen, – auch Ihnen eine Hilfe sein!

Teil 3:

Die praktische Umsetzung

12

Unendlich wertvoll

Am Ende des ersten Abschnitts des Buches haben wir die Schilderung Mitte der siebziger Jahre unterbrochen. Damals war die Beckett Corporation zwar noch klein, kam aber langsam in Schwung. Ich hoffe, Sie sind bei den Turbulenzen des zweiten Teils, «Der grosse Überblick», angeschnallt geblieben und haben sie ohne Prellungen und Beulen überstanden. Gleich werde ich in die Mitte der neunziger Jahre vorstossen und beim Besuch von Peggy Wehmeyer und dem Team von ABC News anknüpfen. Aber zunächst möchte ich kurz die dazwischenliegenden zwanzig Jahre rekapitulieren.

Im Verlauf dieser zwei Jahrzehnte geschahen in unserem Unternehmen enorme Veränderungen. Die Verkaufszahlen stiegen um das Zwölffache, und die Zahl der Beschäftigten vervierfachte sich. Unser Industriezweig konsolidierte sich, wodurch weniger Konkurrenten zurückblieben. Eine ganze Reihe von Herausforderungen stellten uns hart auf die Probe, einschliesslich zwei grossen internationalen Energiekrisen. Nichtsdestotrotz entwickelte sich unser Betrieb Mitte der achtziger Jahre zum weltweit grössten Ölbrennerproduzenten für private Heizungsanlagen. Ausserdem war es uns möglich, zwei neue Unternehmen zu gründen, welche Produkte für denselben Industriezweig herstellen. So beschäftigt der Gesamtkonzern zum Zeitpunkt der Niederschrift dieses Buches weit mehr als 500 Angestellte und erzeugt einen Jahresumsatz von etwa 100 Millionen US-Dollar.

Wir haben uns entschieden, ein Privatunternehmen zu bleiben, und sehen, wie die nächste Generation von Familienmitgliedern in Führungspositionen aufsteigt. Dazu gehören Kevin, unser ältester Sohn, und Morrison Carter, unser Schwiegersohn, der mit unserer ältesten Tochter Kirsten verheiratet ist. Mitte der siebziger Jahre kamen unsere zwei Söhne Jonathan und Joel zur Welt, was uns zu Eltern von sechs Kindern machte – von drei Söhnen und drei Töchtern. Einen weiteren besonderen Segen durften wir erfahren, als vor kurzem noch Enkelkinder hinzukamen.

Worin besteht der Unterschied?

Als Peggy kam, um im Sommer 1995 ihre Reportage zu drehen, hatte sie ihre Hausaufgaben offensichtlich gemacht. Sie wusste um die Marktführerposition der R. W. Beckett Corporation in der Heizungsindustrie. Ebenso war sie darüber informiert, dass die Firma in der Umgebung einen guten Ruf hatte und Arbeitsplätze in unseren Unternehmen gefragt waren. Für ihre Sendung war die Reporterin aber vor allem an Beispielen interessiert – sie wollte Fakten, die ihre Nachforschungen über die Beziehung des Glaubens zur Arbeit bestätigten.

Peggy kam direkt zur Sache; sie forschte und bohrte, um herauszubekommen, was die Beckett Corporation von anderen Unternehmen unterschied.

«John, was ist anders an Ihrem Betrieb, weil Sie versuchen, biblische Prinzipien umzusetzen?»

Mir war bewusst, dass der Unterschied mehr beinhaltete als die Erfolgsfaktoren, die viele andere gute Unternehmen charakterisieren: gute Produkte, hohe Qualität und ausgezeichneter Kundendienst. Es lag an etwas anderem, das heute oftmals an Arbeitsplätzen fehlt.

«Peggy», antwortete ich, «das hängt wahrscheinlich mit der Wertschätzung zusammen, die wir unseren Mitarbeitern entgegenbringen.»

«Können Sie das genauer erklären?», fragte sie. «Jedes Unternehmen, das ich kenne, redet zwar vom Wohl der Mitarbeiter, und doch gibt es viele Arbeiter, die wirklich schlecht behandelt werden. Sie erleben, wie sich ihre Firmen um alles andere mehr kümmern als um sie. Ich bekomme es immer wieder mit – dort geht es nur um Gewinn, Aktienkapital, Shareholder Value, Neuinvestitionen ...»

«Ich weiss», gab ich ihr Recht, «ich kenne das aus erster Hand. Ich spreche mit jedem Kandidaten persönlich, der sich um eine Stelle in unserem Betrieb bewirbt – ganz egal, um welche Position es sich handelt. Dabei erfahre ich immer wieder traurige Geschichten, wie Menschen an ihren vorherigen Arbeitsplätzen schlecht behandelt wurden.»

«Sie führen mit jedem Einzelnen ein Bewerbungsgespräch? Das ist ziemlich ungewöhnlich. Warum tun Sie das?»

«Ich habe vor vielen Jahren damit begonnen, als ich feststellte, wie sehr dies das gegenseitige Verständnis und Vertrauen fördert. Natürlich sind die Kandidaten normalerweise recht nervös, wenn sie dem obersten Direktor persönlich gegenüber sitzen. Aber ich versuche immer, eine Atmosphäre zu schaffen, in der sie sich wohl fühlen. Dann lasse ich sie erzählen: über sich selbst, ihre Interessen, ihre Hobbys, was sie bisher gearbeitet haben und was sie gerne tun würden. Es ist erstaunlich, wie wertvoll diese fünfzehn oder zwanzig Minuten sind. Schliesslich ist dies der Anfang einer Beziehung, die möglicherweise über Jahrzehnte andauert.»

«Das ist sicher sehr wertvoll», bemerkte Peggy, «aber steckt auch hinter dieser Gewohnheit ein biblischer Grundsatz?»

Hüter der Tore

Ich erklärte der Journalistin: «Im Alten Testament hatten die Städte Mauern und Tore. In diesen Toren sassen jeweils 'Älteste', die entschieden, wer ein- und ausgehen durfte. Darin habe ich eine Parallele erkannt. Wer als Angestellter durch unsere 'Tore' kommt, wird einen grossen Einfluss auf den Erfolg unserer Firma haben. Bei den Vorstellungsgesprächen versuche ich Charaktereigenschaften einzuschätzen wie beispielsweise Arbeitseinstellung, Respekt vor Autorität und Veranlagung einer Person. Wird sie zu den anderen Kollegen im Team passen? Ist sie grundsätzlich die richtige Person für uns? Wenn es sich um eine Stelle in leitender Funktion handelt, versuche ich sogar, den Ehepartner kennen zu lernen, damit auch dieser Einblick in unsere Firma bekommt.»

«Und das Ergebnis?», erkundigte sich Peggy.

«Natürlich machen wir Fehler», gab ich zu. «Aber ich bin überzeugt, dass sich dieser Aufwand lohnt und einer der Gründe für unsere aussergewöhnliche Belegschaft ist. Viele haben in der Firma Karriere gemacht und wir stellen ein permanent hohes Niveau an Moral und Loyalität fest. Ein guter Gradmesser ist auch, wie positiv sie ihren Freunden ausserhalb des Unternehmens ihre Arbeit schildern.»

Der Wert des Einzelnen

Peggy war noch nicht zufrieden. «Ich bin mir nicht sicher, ob wir bereits zum Kern der Sache vorgedrungen sind, John. *Warum* nur legen Sie eine solche Betonung auf den Wert des Einzelnen?»

«Ich denke, es ist entscheidend, Menschen so zu sehen, wie Gott sie sieht. Dies wird zum ersten Mal in 1. Mose sichtbar, dem ersten Buch der Bibel. Im Schöpfungsbericht wird geschildert, wie Gott Mann und Frau nach seinem Bild schuf. Das ist wirklich sehr bemerkenswert. Spezifische Merkmale des Menschen wie zum Beispiel die Fähigkeit zu denken, logisch zu folgern, anzubeten, Freude und Leid zu verstehen, zu sprechen – all das entspringt Gottes eigenem Wesen.

Diese Erkenntnis hat nicht nur mein eigenes Selbstbild verändert, sondern auch die Art, wie ich andere Menschen betrachte. So beschloss ich, jeder Person Achtung entgegenzubringen und nie auf jemanden herabzuschauen, ganz unabhängig von seiner Stellung oder Lebenssituation. Peggy, es gibt etwas Unantastbares an jedem Menschen. Da Gott jedem Einzelnen einzigartigen und unendlichen Wert beimisst, verdient jeder auch unseren tiefen Respekt.»

«Ist diese Ansicht auch in einer Art Firmenphilosophie formuliert?», forschte Peggy weiter.

«Ja», fuhr ich fort. «Wir haben drei ‘bleibende Werte’ schriftlich festgehalten, die in allen unseren Unternehmen angenommen und umgesetzt werden sollen. Einer davon ist *tiefer Respekt gegenüber dem Einzelnen.* Damit wollen wir unser Ziel bekräftigen, dass sowohl unsere Arbeit als auch die Beziehungen untereinander von Würde, Motivation, Belohnung und Freude geprägt sein sollen. Das Wohlergehen und die individuelle Entwicklung unserer Angestellten nimmt einen hohen Stellenwert bei uns ein.»

Mit der Kamera festgehalten

«John, ich würde mich gerne weiter mit Ihnen unterhalten», meinte Peggy, «aber das Kamerateam ist aufnahmebereit. Wir brauchen sichtbare Beweise dafür, wie anders die Dinge in Ihrem Betrieb laufen.»

Ich musste nachdenken. Wie würde unsere Betonung des Werts des Einzelnen besonders gut zum Ausdruck kommen? Schliesslich sind Firmenpolitik und deren praktische Umsetzung ein fester – aber meist unsichtbarer – Bestandteil eines Unternehmens.

Als wir so über die Besonderheiten unseres Betriebs redeten, griff Peggy einen Aspekt der Firmenpolitik heraus – den Umgang mit Eltern von Neugeborenen. «Als wir uns in der Geschäftsleitung mit diesem Thema beschäftigten», erklärte ich ihr, «wurde uns bewusst, wie entscheidend die ersten drei Lebensjahre eines Kindes sind. Diese Zeit ist für eine enge Mutter-Kindbeziehung besonders wichtig, von der das Kind sein Leben lang profitieren kann. Wenn die Mutter mehr als zwanzig Stunden in der Woche weg ist, wird diese Beziehung erheblich geschwächt.

Aufgrund dieser Tatsache haben wir eine Firmenpolitik erarbeitet, die es Müttern ermöglicht, bis zu sechsundzwanzig Wochen zu Hause zu bleiben. Während dieser Zeit erhalten sie einen Viertel ihres normalen Gehalts, und wir leihen ihnen ein zusätzliches Viertel, so dass sie die Hälfte ihres Gehalts bekommen. Bei ihrer Rückkehr können sie dann je nach Stelle und Situation Teilzeit arbeiten, indem sie sich die Arbeit mit einer anderen teilzeitbeschäftigten Mutter teilen oder zu Hause arbeiten. Dies ist bis zu drei Jahre nach der Geburt des Kindes möglich.»

Peggy, begeistert von dieser Idee, wollte sie unbedingt für ihre Sendung festhalten. Mit einem Filmteam begab sie sich direkt zu Nancy Borer nach Hause. Auf der Veranda ihres Hauses erklärten Nancy und ihr Ehemann (er hielt das Baby in den Armen), wie viel es ihnen bedeutete, dass Nancy mit dem Kind zu Hause bleiben konnte.

Anschliessend besuchte das Kamerateam eine andere Familie, wo Chuck und Patty Visocky stolz ihre Kinder vorstellten, die sie vor kurzem aus Kolumbien adoptiert hatten. Es waren vier Waisen aus derselben Familie. Um das Ehepaar in seinem Vorhaben zu unterstützen, gewährte ihnen die Firma bezahlten Urlaub für die Reise nach Kolumbien. Gegenwärtig halten wir es so, dass wir Eltern 1000 Dollar für jedes adoptierte Kind auszahlen. Ich erklärte Peggy, wie wir in einer Zeit, in der der Wert von Kindern zu sinken scheint, einen anderen Weg einschlagen wollen, indem wir durch diese Unterstützung betonen, wie wichtig sie sind.

Anschliessend befasste sich das Team von ABC eingehend mit unseren Weiterbildungsmassnahmen. Sie sprachen mit mehreren Arbeitnehmern, die Fortbildungskurse belegten, um ihre Fähigkeiten zu erweitern. Für ihr Interview wählten sie sich Eric Hess, dessen Vater im Qualitätsmanagement des Unternehmens beschäftigt war. Nach Erics Highschoolabschluss empfahl ihm sein Vater, sich bei uns zu bewerben. Der junge Mann begann in der Produktion und zeigte eine sehr gute Arbeitshaltung. Nach einiger Zeit bot sich ihm die Möglichkeit, im Labor tätig zu werden. Aber nach mehreren Monaten kam er zu dem Schluss, dies sei doch nicht das Richtige für ihn.

Einige Firmen sehen es als das Ende für einen Arbeitnehmer an, wenn eine Beförderung nicht bestätigt wird. Wir aber ermutigten Eric, wieder eine ähnliche Stelle wie vorher in der Produktion anzunehmen. Er hatte ganz einfach noch nicht seinen Platz gefunden – und dieser Prozess kann einige Zeit dauern. Später zeigte Eric Interesse an Supervisionsaufgaben. Es wurde ein Test mit ihm durchgeführt, der seine Führungsqualitäten bestätigte. Auf Firmenkosten begann er ein Trainingsprogramm für Personalführung, und in kurzer Zeit wurde er zu einem unserer fähigsten Mitarbeiter in dieser Schlüsselposition.

Tiefer Respekt

Nancy, Chuck und Eric erzählten ihre Geschichten, von denen jede Aspekte enthält, die am Arbeitsplatz oftmals nicht zu finden sind – aufrichtiges Interesse und Rücksicht.

Treffend porträtierten Peggy und das Kamerateam unsere Betonung der Wertschätzung der Person, wodurch die Zuschauer von ABC die Möglichkeit erhielten, eine andere Seite des Geschäftslebens zu Gesicht zu bekommen – eine menschliche Seite, die auf der Würde und dem inneren Wert des Einzelnen beruht. Ich wies Peggy darauf hin, dass sich der menschliche und der ökonomische Aspekt nicht gegenseitig ausschliessen. «Auch mit diesem Schwerpunkt waren wir in der Lage, überdurchschnittlichen Profit zu erzielen und unseren Aktionären ausgezeichnete Gewinne zu ermöglichen», sagte ich.

Die meisten Arbeitnehmer möchten in einem florierenden Unternehmen arbeiten, davon bin ich überzeugt. Sie wissen, dass ihr Erfolg von dem ihres Arbeitgebers abhängt, und sie arbeiten hart, um ihren Teil dazu beizutragen. Allerdings muss man ihnen würdige und interessante Arbeitsbedingungen geben. Ihnen muss Achtung und Wertschätzung entgegengebracht werden. Sie sind nach dem Bilde Gottes geschaffen. Wenn sie in seinen Augen von unschätzbarem Wert sind, dann verdienen sie auch von uns gewiss nicht weniger als unseren tiefen Respekt.

13

Entwürfe

Ein Entwurf beinhaltet von Grund auf alles, was nötig ist, um den Plan eines Designers auszuführen.

Manchmal ist es für uns leichter, Gott als den grossen Planer des Universums zu sehen als den sorgfältigen Architekten unseres eigenen Lebens und Schicksals. Die Bibel gibt zu verstehen, dass Gott den Weg einer Galaxie, eines Planeten, einer Organisation oder eines einzelnen Menschen festlegt. Es herrscht Ordnung, nicht Unordnung. Sein Handeln entspringt einer bestimmten Absicht und ist nicht willkürlich. Manche Menschen werden auf diese Weise geführt, andere auf jene. Einige sind auf einem Gebiet besonders begabt, andere auf einem anderen. Dem einen ist ein bestimmter Handlungsspielraum gewährt, ein anderer bewegt sich in einem ganz unterschiedlichen Bereich.

Gottes Pläne für unser Leben zu verstehen, hilft uns, unsere Möglichkeiten und die Verantwortung am Arbeitsplatz besser zu erfassen.

Das wird mir bewusst, wenn ich an Jerry denke ...

Direkt nach der Highschool fing Jerry im Produktionsbereich unseres Unternehmens an. Wie seine Altersgenossen erwartete er, diese Arbeit nur für kurze Zeit zu tun und dann auf ein anderes Gebiet zu wechseln. Er stellte jedoch fest, wie er die Beziehungen zu seinen Arbeitskollegen genoss und dass sogar die Arbeit selbst ihn immer mehr interessierte und herausforderte.

Er war ein guter Sportler, der im Softball-Team unserer Firma spielte und der Mannschaft zum Sieg in der Stadtliga verhalf. Als er dort in Kontakt mit den Arbeitern anderer Unternehmen kam, lernte er im Vergleich, seine Arbeitsbedingungen zu schätzen, und begann, eine langfristige Anstellung bei uns in Erwägung zu ziehen.

Eines Tages war es um sein Herz geschehen. Er hatte Belinda kennen gelernt, eine attraktive junge Sekretärin, die im Rahmen einer Produkterweiterung in unser Unternehmen gekommen war. Bald schon heirateten sie, und Belinda gab ihre Arbeit auf, um sich um ihre Familie zu kümmern. Das Geld war knapp, aber durch eine sparsame Haushaltsführung war es den beiden möglich, mit Jerrys Gehalt auszukommen; gelegentlich anfallende Sekretariatsarbeiten, die Belinda von zu Hause aus verrichten konnte, brachten zusätzliche Einnahmen.

Um sich weiterzubilden, belegte Jerry einige Kurse am örtlichen College. Bald bot sich ihm eine Position als Laborant in unserer technischen Abteilung. Jerry bewarb sich und wurde angenommen. Er erlernte die technischen Details unserer Produkte, und da er den Produktionsprozess und die Menschen dort sehr gut kannte, wurde dies zu einer besonderen Hilfe, um die Kluft zwischen Technik und Produktion zu überbrücken.

Berufliches Weiterkommen

Das Unternehmen erweiterte sein Service-Angebot, was dazu führte, dass wir vermehrt eng mit Installateuren und Monteuren anderer Firmen zusammenarbeiten und sie schulen mussten. Eine freie Stelle als Ausbilder tat sich auf, und wiederum bewarb sich Jerry erfolgreich. Er ging mit unseren Kunden essen und hinterliess durch sein technisches Wissen und den guten Umgang einen positiven Eindruck, welcher durch seinen vorbildlichen Charakter noch verstärkt wurde. (Manche Kunden rufen heute noch an, um mir mitzuteilen, welch ausgezeichnete Arbeit er leistet und wie überzeugt er von unserem Unternehmen spricht.) Wenn er nicht gerade mit Schulungsaufgaben beschäftigt war, half er bei unserer gebührenfreien «Hotline» aus und unterstützte das Service-Personal bei der Beantwortung von technischen Fragen.

Als wir beschlossen, ein firmeninternes Fitnesscenter zu errichten, steckte Jerry von seiner freien Zeit in den Aufbauprozess. Später wurde er Leiter eines Angestelltenteams, welches die Aktivitäten des Centers beaufsichtigt und sich für das Gesamtkonzept der Fitness unter unseren Arbeitnehmern einsetzt.

Vor kurzem wurde er in die Führungsposition unseres Schulungsprogramms berufen und hat jetzt einen Mitarbeiterstab, der ihm unterstellt ist. Jerry wird so hoch geschätzt, dass er dieses Jahr von der Geschäftsleitung unseres Unternehmens für den President's Choice Award gewählt wurde, eine Auszeichnung, die jeweils beim jährlichen Weihnachtsessen überreicht wird.

Der einzigartige Plan

Jerry ist ein geschätzter Arbeitnehmer. Sicher wird er weitere Fortschritte machen, in seinen Aufgaben wachsen und dabei Freude haben. Sein Geschick liegt in Gottes Hand. Es gibt einen einzigartigen Plan für sein Leben. Er wurde mit einer bestimmten Absicht geschaffen. Ich glaube, wir tun als seine Arbeitgeber das Beste, wenn wir die richtigen Rahmenbedingungen für seine Entwicklung schaffen und ihm helfen, Gottes Plan für sein Leben zu finden und diesem zu entsprechen.

In unserem Betrieb gibt es viele Arbeitnehmer wie Jerry. Da ist zum Beispiel Penny, die vor über zwanzig Jahren als Aushilfskraft im Büro bei uns begann. Heute ist sie Leiterin der Personalabteilung und ein Mitglied der Geschäftsführung. Pennys Engagement in diesen Jahren war gewaltig und ihre Kompetenzen wachsen ständig.

Ich bin überaus erfreut, von solchen Menschen umgeben zu sein, Menschen, die den Montag aufrichtig lieben!

In einem früheren Abschnitt habe ich bereits drei Dimensionen von Gottes Plan erwähnt: *Berufung, Begabung und Wirkungskreis.* Im Folgenden möchte ich sie detaillierter ausführen.

Berufung

Normalerweise denken wir bei *Berufung* an den geistlichen Bereich – wie die Berufung in einen christlichen Dienst. Aber eine Berufung geht über den geistlichen Bereich hinaus. Wir können auch zur Kunst, zum Sport, in den Regierungsdienst oder ins Geschäftsleben berufen sein. Wenn es Gottes Ruf ist, ist es eine legitime und hohe Berufung. Mit anderen Worten, Sie können ein «ordinierter» Klempner sein! Menschen, die ins Geschäftsleben berufen sind, haben viele Gelegenheiten zum Dienst, die denen nicht möglich sind, die sich ausdrücklich auf geistliche Berufungen konzentrieren.

Wir neigen dazu, den Ruf in nicht geistliche Berufe zu übersehen, der an viele bekannte biblische Personen zu unterschiedlichen Zeiten in ihrem Leben erging. Joseph war ein Verwalter des ägyptischen Pharaos, Mose und David hüteten Schafe, Petrus war Fischer, Lydia war im Textilgeschäft und Paulus war Zeltmacher.

Eines meiner bevorzugten Beispiele ist Daniel, ein junger Mann, der von den Babyloniern gefangen genommen wurde. Er war ein Mensch mit lauterem Charakter und aussergewöhnlichen Fähigkeiten, dessen Berufung heute mit dem Dienst eines Staatsbeamten vergleichbar ist (eine für ihn fremde Stellung, die er sich nicht ausgesucht hatte!). Seine Weisheit und sein Verhalten waren so herausragend, dass der König Nebukadnezar ihn zum Herrscher über die ganze Provinz Babel und zum Obervorsteher über alle Weisen machte. Später brachten Daniels Qualitäten ihn in Schlüsselpositionen unter anderen heidnischen Herrschern.

Führungskräfte im Geschäftsleben können wichtige Instrumente sein, anderen Menschen zu helfen, ihre Berufung zu finden und auszufüllen.

Michael Novak, ein katholischer Theologe, behandelt diesen wichtigen Punkt recht gut in seinem Buch *«Business as a Calling»* (Unternehmensführung als Berufung). Er zitiert Kenneth Lay, Vorsitzender und Generaldirektor der Enron Corp., des grössten Erdgasunternehmens in den Vereinigten Staaten:

«Ich war und bin nach wie vor der festen Überzeugung, dass es eines der befriedigendsten Dinge im Leben ist, eine

Umgebung von hoher Moral und Ethik zu schaffen, die es jedem Einzelnen erlaubt und ermöglicht, sein gottgegebenes Potential zu verwirklichen.»

In unserem Unternehmen achten wir bei Einstellungsgesprächen darauf, ob wir bei dem Bewerber eine Berufung zur Arbeit in unserem Betrieb erkennen können. Wir halten es für hilfreich, mehrere Einstellungsgespräche zu führen und die Ergebnisse miteinander zu vergleichen. Dann führen wir mit den Kandidaten eine Reihe von Prüfungen durch und suchen nach Fähigkeiten, die mit unseren Anforderungen im entsprechenden Arbeitsbereich übereinstimmen. Zudem überprüfen wir die Zeugnisse und Referenzen, um uns ein Bild von seinen vorangegangenen Arbeitserfahrungen zu machen. Und dann schliessen wir die Entscheidung über die Einstellung neuer Mitarbeiter auch ins Gebet mit ein.

Dieses gründliche Verfahren ist für beide Parteien sehr wichtig; besonders, wenn ein Angestellter später bei der Arbeit mit Problemen zu kämpfen hat und er dann aber sagen kann: «Ich weiss, dass ich an diese Stelle berufen worden bin. Das hier ist mein Platz.»

Begabung

Die Bibel spricht auch davon, wie verschiedene Personen *begabt* oder *ausgestattet* sein können. Im ersten Korintherbrief verwendet der Apostel Paulus die Analogie des menschlichen Körpers, um darzustellen, wie sich unterschiedliche Gaben ergänzen: «Denn auch der Leib ist nicht ein Glied, sondern viele ... Nun aber hat Gott die Glieder bestimmt, jedes Einzelne von ihnen am Leib, wie er wollte» (1. Kor. 12,14.18).

Was hier über die geistlichen Gaben für die Gemeinde gesagt wird, kann auch auf die Situation im Unternehmen übertragen werden. Wir sehen das Prinzip dieser unterschiedlichen Gabenverteilung insbesondere beim Einsatz unseres Personals. Jerry ist ein gutes Beispiel für jemanden mit verborgenen Qualitäten, die entwickelt und entfaltet werden mussten. Eric, der bereits zuvor erwähnt wurde, war in eine

Sackgasse geraten, bevor seine Fähigkeiten erkannt wurden und er zur Supervision wechselte, wo er ausgezeichnete Arbeit leistet.

Wir legen unseren Schwerpunkt zunehmend auf Teamarbeit, wo es besonders auf die Mischung verschiedener Begabungen ankommt. Der eine mag analytische Fähigkeiten besitzen, während ein anderer sprachlich gewandter ist. Der eine Arbeiter hat einen Blick fürs Detail, wohingegen sein Kollege das Ganze im Auge hat.

Personalgespräche sind ein nützliches Instrument bei der Führung von Mitarbeitern. Dabei machen wir natürlich einen Rückblick auf die Leistung einer Person, aber der wesentliche Schwerpunkt liegt auf der Zukunft: Worauf wollen Sie sich vorbereiten? Wie können wir Ihnen dabei helfen?

Ein befristeter Wechsel des Arbeitsfeldes ist ein zusätzliches Hilfsmittel. Dazu wird ein Angestellter vorübergehend in einem anderen Unternehmensbereich beschäftigt: So wird beispielsweise jemand aus der Produktion eine Zeitlang in die Bestandesaufnahme oder in die Qualitätskontrolle versetzt. Nach dieser neuen Berufserfahrung wird er eine viel bessere Vorstellung davon haben, ob er sich einen langfristigen Wechsel im Unternehmen vorstellen kann und ob er sich für dieses Ziel weiterbilden will.

Wirkungskreis

Die dritte Dimension des göttlichen «Entwurfs» ist der *Wirkungskreis.* In der Apostelgeschichte lesen wir, dass Gott «jede Nation ... gemacht hat, dass sie auf dem ganzen Erdboden wohnen, wobei er festgesetzte Zeiten und die Grenzen ihrer Wohnung bestimmt hat» (Apg. 17,26). Auch Sie leben zu einer ganz bestimmten Zeit in der Menschheitsgeschichte und sind nach Gottes Plan an einem festgelegten Ort geboren. In gleicher Weise stellt Gott uns in bestimmte Verantwortungsbereiche hinein. Der Apostel Paulus war sich dessen bewusst, als er den Korinthern mitteilte, er sei entschlossen, innerhalb der Grenzen des ihm von Gott zugewiesenen Bereichs zu wirken.

In jedem Betrieb gibt es spezielle Sachgebiete, zu denen Kernkompetenzen gehören. Immer, wenn wir uns zu weit ausserhalb dieser Bereiche bewegen, laufen wir Gefahr, in Schwierigkeiten zu geraten. In jüngster Zeit wurde diese Tatsache durch viele Beispiele aus der Wirtschaft bestätigt, wo das Management in naiver Weise der Meinung war, dass wenn sie eine Sache gut könnten, sie alles gut könnten. Wir sind am besten beraten, wenn wir «als Schuster bei den Leisten bleiben». Selbst der brillante Basketballspieler Michael Jordan lernte diese Lektion, als er für eine Saison die Baseballuniform überstreifte!

Das Wissen, nicht alles gut können zu müssen, ist für mich ein grosser Trost. Es ist eine Erleichterung, mit gutem Gewissen Nein sagen zu können, wenn wir erkennen, dass eine an uns herangetragene Bitte ausserhalb unserer Fähigkeiten oder unseres Wirkungskreises liegt. Letztlich stimmen wir damit der Tatsache zu, dass Gott mit unserem Leben einen Plan hat.

Über die Jahre habe ich beobachtet, dass wir Gottes Segen besonders erfahren, wenn wir in den Bereichen unserer Berufung, Begabung und unseres Wirkungskreises agieren. Wenn wir diese Bereiche verlassen und dadurch schlecht arbeiten und unsere Aufgaben kaum bewältigen können, ist es an der Zeit, unser Leben neu zu überprüfen. Diese Anzeichen können ein Hinweis sein, dass wir nicht in Gottes Plan sind und mehr erwarten, als er für uns vorsieht. Das kann sowohl für Einzelpersonen als auch für Geschäftsunternehmen gelten.

Im Gegensatz dazu ist es eine wundervolle Erfahrung, wenn wir uns auf unsere Berufung konzentrieren, unsere Gaben entfalten und innerhalb des von Gott gegebenen Wirkungskreises agieren.

Es ist unser Wunsch, solche Voraussetzungen nach Möglichkeit in unserem Unternehmen zu schaffen. Wir glauben, dass Arbeitnehmer wie Jerry zu uns geführt wurden und wir Verantwortung für sie tragen. Sie benötigen ein Arbeitsumfeld, in dem sie unterstützt und in ihrer Entwicklung gefördert werden, so dass sie Gottes Plan für ihr Leben entdecken und ausfüllen können.

14

Probleme über Probleme

Trotz der besten Vorsätze laufen die Dinge nicht immer so, wie sie sollten. Es scheint, als könnten wir uns nicht vor Schwierigkeiten verstecken oder sie gänzlich vermeiden.

Wir verbringen viel Zeit mit Planung und ergreifen Präventivmassnahmen, um Problemen vorzubeugen, was an sich auch gut ist. Aber trotz unserer besten Bemühungen finden sie uns dennoch. Es gibt Gründe für Ärger, für Druck, für Schwierigkeiten, für die Mühen des Lebens. Natürlich sind wir für vieles selbst verantwortlich, und dennoch ist es die unbequeme Wahrheit, dass Probleme in Gottes Plan enthalten sind. Wenn wir ihnen begegnen, können sie uns frustrieren, verwirren und entmutigen. Das trifft auf das Familienleben ebenso zu wie auf die Unternehmensführung.

Als Jugendlicher hatte ich einmal ein Erlebnis mit Schwierigkeiten, das mich lehrte, wie man mit ihnen umgehen muss und wie nicht. Es war eine sehr nützliche Lektion, die mir in meinem ganzen Berufsleben half.

Schwierigkeiten

Ich hatte gerade meinen dreizehnten Geburtstag hinter mir und genoss einen kurzen, aber ganz besonderen Urlaub mit meinem Vater im Ferienhaus meines Onkels in den Wäldern Nord-Kanadas, fast tausend Kilometer von zuhause entfernt. Dort artete ein Vorfall zwischen meinem Vater und meinem Onkel, seinem älteren Bruder Harold, zu einer solch hitzigen Auseinandersetzung aus, dass unser Kurzurlaub im Begriff stand, ein abruptes und bitteres Ende zu nehmen.

Es fing ganz unscheinbar an. Onkel Harold kam auf den Gedanken, sein junger Neffe würde sicher gerne seine bevorzugten Spielkarten ansehen, auf denen – Sie haben es wahrscheinlich erraten – wohl proportionierte nackte Frauen abgebildet waren. Während ich mir eine aufregende Pose nach der anderen anschaute, betrat mein Vater, der es kaum erwarten konnte, mit mir auf den See Barsche angeln zu gehen, den Raum.

Vielleicht war es mein verstohlener Blick und mein ungeschickter Versuch, die Karten zu verstecken – oder es war das geradezu unheimliche Gespür eines Vaters, der sein Kind in Gefahr wähnt. Schnell erfasste er die Situation und explodierte: «Harold, wie kannst du nur so einen Mist machen?»

Harold war fassungslos: «Reg, komm' runter von deinem hohen Ross. John ist ein junger Mann. Du kannst ihn nicht für immer behüten!»

«Bilder der Schönheit» gehörten zu Harolds Welt. Er war ein Künstler, ein hochangesehener Architekt, der einige von Kanadas phantastischsten Wohnhäusern, Bürogebäuden und öffentlichen Parks entworfen hatte. Für ihn stellten Aktmodelle angeblich Kunst dar. Ganz anders mein Vater, für den es sich dabei uneingeschränkt um Pornographie handelte. Nun hatte sein eigener, fast sechzigjähriger Bruder – und nicht etwa ein verdorbener Halbwüchsiger – seinem Sohn diese ordinären und schändlichen Bilder gezeigt.

Vater kochte vor Wut: «Pack deine Taschen, John», sagte er. «Wir fahren nach Hause.»

Ein paar Minuten später stiegen wir in unser kleines Zedernboot. Mein Vater musste nur einmal ziehen, um den Aussenbordmotor zu starten, und schon verliessen wir die Anlegestelle. Ich biss mir auf die Lippen und versuchte meine grosse Enttäuschung zu verbergen. Warum musste das passieren? Warum musste dieser ganz besondere Ausflug mit meinem Vater mit einem Wutanfall und harten Worten enden?

Die Dinge in Ordnung bringen

Hundert Meter vom Ufer entfernt, wendete ich meinen Blick vom Horizont ab und schaute meinen Vater an. Normalerweise hätte er es mir erlaubt, das Boot zu steuern. Aber an diesem

Morgen hatte er das Ruder übernommen. Zudem war ich mir sicher, Tränen auf seinem gebräunten Gesicht gesehen zu haben. Plötzlich, mit einem entschlossenen Ruck des Ruders, sagte er grimmig: «John, wir fahren zurück.» Sicher hatten wir etwas Wichtiges vergessen.

In der Ferne konnte ich sehen, wie Onkel Harold am Fenster stand und auf den See hinausstarrte. Als das Boot näher kam, begab er sich ebenfalls zur Anlegestelle. Er wollte herausfinden, was meinen Vater zur Rückkehr bewegt hatte. Dann entdeckte ich etwas anderes. In diesen kurzen Augenblicken hatte sich in den gewaltigen, gerechten Zorn meines Vaters die gleichermassen kraftvolle und tiefe Liebe zu seinem Bruder gemischt. Das erste Gefühl machte dem zweiten Platz. Er war zurückgefahren, um die Dinge wieder zurechtzubringen. Zu viele gemeinsame Jahre, zu viele Erfahrungen, hatten sie miteinander geteilt. Es stand zu viel auf dem Spiel, um das Risiko einzugehen, aus diesem Vorfall eine tiefe Wunde werden zu lassen, die möglicherweise nie verheilte. Es war besser, das Verhältnis jetzt wieder in Ordnung zu bringen.

Noch immer verwirrt, beobachtete ich erstaunt, wie sich diese beiden kräftigen, willensstarken Brüder am Ufer begegneten, im gleichen Augenblick ihre Arme ausstreckten und sich lange festhielten. Wenige Worte wurden gesprochen. Wenige waren nötig. Sie verstanden einander. Nie wieder würde Harold gegen Regs väterliche Sorge für seinen Sohn verstossen. Nie wieder würde er das starke Empfinden meines Vaters für Richtig und Falsch unterschätzen oder einen solchen Bruch riskieren.

Erneut entluden wir das Boot und konnten unseren Urlaub jetzt zu Ende bringen – die Luft war auf wunderbare Weise gereinigt und die Saat für eine lebenswichtige Lektion gesät.

Der Eifer meines Vaters für seine Überzeugungen hatte ihn einen Bruch mit dem ältesten seiner fünf Brüder riskieren lassen. Ohne einen Kompromiss einzugehen, hatte er die Möglichkeit der Vergebung und Versöhnung gewählt. Er stellte sich dem Problem und löste es – nicht umgekehrt. Und gleichzeitig hatte er seinem Sohn eine unauslöschliche Lektion erteilt – nämlich, dass wir den Schwierigkeiten nicht den Rücken zuwenden können. Vielleicht half mir sein Beispiel, das Durchhaltevermögen zu entwickeln, das ich Jahre später benötigte, als ich in meinem Unternehmen und anderen Lebensbereichen vor scheinbar unüberwindlichen Schwierigkeiten stand.

Schwierigkeiten – auch in der Bibel

Die Bibel ist bemerkenswert ehrlich; sie beschreibt die Schwierigkeiten, Versuchungen und Prüfungen, denen Männer und Frauen in der Geschichte gegenüberstanden. Keine biblische Person wurde von Problemen verschont.

Der Bericht des ersten Menschenpaares im ersten Buch Mose macht deutlich, dass die uns begegnenden Schwierigkeiten nicht der ursprünglichen Absicht Gottes entsprachen. Er schuf Adam und Eva und setzte sie in eine ideale Umgebung, in der sie enge Gemeinschaft mit ihrem Schöpfer genossen. Als Adam und Eva sündigten, wurde diese Beziehung für immer verändert. Die ganze Schöpfung, einschliesslich der Menschheit, kam unter einen Fluch, der durch Mühen und Schwierigkeiten gekennzeichnet war.

Als Jesus auf die Erde kam, begann er mit der Wiederherstellung dessen, was durch Adam und Eva verloren ging – ein Prozess, der eines Tages abgeschlossen sein wird. Das Buch der Offenbarung blickt in die Zukunft: «Und er wird jede Träne von ihren Augen abwischen, und der Tod wird nicht mehr sein, noch Trauer, noch Geschrei, noch Schmerz wird mehr sein: denn das Erste ist vergangen» (Offb. 21,4).

Doch dieser Tag ist noch nicht gekommen. Es ist uns – selbst mit unseren besten Anstrengungen – nicht möglich, den Himmel auf Erden zu schaffen. Nachdrücklich betonte Jesus diesen Punkt, als er zu seinen Jüngern sagte: «In der Welt habt ihr Bedrängnis; aber seid guten Mutes, ich habe die Welt überwunden» (Joh. 16,33). Das Wort, das an dieser Stelle mit *Bedrängnis* übersetzt wurde, wird anderswo dazu benutzt, um das Zerstossen von Weintrauben oder Oliven in einer Presse zu beschreiben!

Gott, der möchte, dass alle Menschen errettet werden, begann, genau diese Schwierigkeiten zu seinen Zwecken und unserem Besten zu benutzen. Jakobus versuchte die frühe Gemeinde auf diesen Erlösungsaspekt hinter den Schwierigkeiten hinzuweisen, als er schrieb: «Haltet es für lauter Freude, meine Brüder, wenn ihr in mancherlei Versuchungen geratet, indem ihr erkennt, dass die Bewährung eures Glaubens Ausharren bewirkt» (Jak. 1,2–3).

Von mir selbst aus neige ich nicht dazu, mich über Schwierigkeiten zu freuen. Ich rege mich auf, mache mir Sorgen und versuche, die Probleme aus eigener Kraft zu lösen. Aber allmählich beginne ich zu erkennen, dass Gott uns bereits inmitten des Problems erwartet und uns den Weg durch die Schwierigkeiten – nicht um sie herum – weisen will, um uns dadurch tiefere Einblicke in seine Wege zu geben.

Schwierigkeiten an der Arbeit

In meiner beruflichen Karriere hatte ich nie Mangel an Prüfungen, und sicher gilt das Gleiche auch für Sie. Die zuvor beschriebenen Ereignisse – einschliesslich des plötzlichen Todes meines Vaters, des verheerenden Feuers und des Versuchs einer Gewerkschaftsgründung – erprobten meine natürliche Belastbarkeit bis an ihre Grenzen, und ich bin dankbar dafür, dass sie mich in ein tieferes Glaubensleben führten. Doch auch in den folgenden Jahren hatten wir mit schweren Industrieunfällen, Problemen mit Arbeitnehmern, Produktionsschwierigkeiten und finanziellen Notlagen zu kämpfen.

Wenn wir zurücksehen, können wir erkennen, wie sich jedes Problem zum Nutzen unseres Glaubenslebens auswirkte. Wir können die Reife und das Durchhaltevermögen unseres Unternehmens nicht durch die «Gipfelerlebnisse» messen, sondern durch die Lektionen, die wir in den Tälern lernen.

Dies war auch der Fall, als die arabischen Staaten im Jahr 1979 ein Öl-Embargo verhängten, was einen Preisanstieg bei allen Petroleumprodukten zur Folge hatte, einschliesslich des Heizöls, das unsere kleineren und grösseren Kunden für ihre Ölbrenner benutzten. Bis zu einem gewissen Mass war jeder betroffen. Vielleicht können Sie sich noch an die langen Schlangen an den Tankstellen erinnern, als man nur an jedem zweiten Tag Benzin kaufen konnte.

Diese Krise hatte Besorgnis erregende Auswirkungen auf unseren Betrieb. Wer braucht einen Ölbrenner, wenn es kein Öl gibt? Die meisten unserer Hauptkunden reduzierten ihre Aufträge drastisch, und manche stellten sie sogar ganz ein. Da wir gerade eine erhebliche Vergrösserung unseres Unternehmens abgeschlossen hatten, war diese Situation für uns besonders kritisch. Einer unserer grössten Konkurrenten wurde derart stark beeinträchtigt, dass er einen Grossteil seiner Produktionsentwicklung aufgab und sogar seine Verkaufsbemühungen reduzierte. Für diesen Betrieb schien es keinen anderen Ausweg zu geben.

Eine positive Reaktion

In unseren Bemühungen, das Gesamtbild zu sehen, und nach eingehender Beratung und Gebet kamen wir zu dem Schluss, dass wir eine andere Richtung einschlagen sollten. Statt uns zurückzuziehen, traten wir die Flucht nach vorne an. Wir trieben nicht nur neue Produktentwicklungen voran, sondern sandten auch einige Mitarbeiter aus dem Management zu unseren Kunden. Sie sollten sie motivieren, über die gegenwärtige Problemlage hinauszusehen, ja sogar Nutzen aus ihr zu ziehen, indem sie alte, ineffiziente Heizungsanlagen durch moderne, sparsame Einheiten ersetzen sollten. Die Idee zahlte sich aus. Wir verkauften Hunderttausende von Ersatzeinheiten, was uns in der dunklen Krisenzeit ermöglichte, unseren Produktionsstand aufrechtzuerhalten und unsere gesamte Belegschaft weiter zu beschäftigen. So waren wir nach dieser traumatischen Zeit sogar noch stärker als zuvor und wurden zum Marktführer in unserem Produktionsbereich – eine Position, die wir bis heute beibehalten konnten.

Obschon es oft nicht leicht war, Gottes Absichten inmitten der Schwierigkeiten, denen wir über die Jahre hinweg begegneten, zu erkennen, wurden seine Pläne oft im Nachhinein offenbar. Immer wieder haben wir die Wahrheit erfahren, von welcher der Prophet Jesaja spricht, nämlich dass Gottes Wege nicht unsere Wege sind, sondern unendlich höher.

Probleme sind Gottes Instrument. Seine Lektionen können angenommen oder gemieden werden, aber letzten Endes müssen sie gelernt sein. In Gottes Unternehmen scheint es keinen anderen Weg zu geben.

15

Die Firma, die Anteil nimmt

Unsere Reaktion auf Schwierigkeiten kann auf zweifache Weise ausfallen. Entweder werden sie uns verhärten und verbittern, uns vielleicht sogar rachsüchtig machen, oder sie werden uns «weicher» machen, versöhnlicher und verständnisvoller.

Ich glaube, Gott beabsichtigt das Zweite, um uns Mitgefühl zu lehren. Mit der Zeit kann Anteilnahme ein Merkmal eines Unternehmens werden, und zwar nicht auf Kosten von Verantwortung oder Effizienz, sondern als Kennzeichen einer Firma, die am Menschen interessiert ist und dessen inneren Wert und sein Potential hoch achtet.

Ein überraschender Anruf

Wie bereits erwähnt, durfte ich nach dem plötzlichen Tod meines Vaters wahre Anteilnahme eines anderen Betriebes erfahren. Unsere Firma befand sich damals in einer prekären Situation, da sich die Verkaufszahlen von etwas über einer Million Dollar ungleich auf nur eine Handvoll Kunden verteilte. Unser Geschick lag im Wesentlichen in einer Hand – in der eines Unternehmens aus St. Louis, das Heizungsanlagen für Wohnwagen herstellte. Mein Vater hatte ein gutes Verhältnis zu ihnen, aber ich war gerade erst zum Unternehmen gestossen und dieser Kunde kannte mich kaum. Nach dem Tod meines Vaters wäre es gerechtfertigt gewesen, wenn sie sich einen anderen Lieferanten gesucht hätten.

Der Anruf ihres technischen Leiters erreichte mich überraschend.

«John», sagte Bernie, «ich möchte Ihnen mitteilen, wie Leid es uns tut, vom Tod Ihres Vaters zu erfahren. Wir waren eng miteinander befreundet, und er war für mich fast wie mein eigener Vater.»

Ich schluckte schwer, da ich wusste, dass sie – obgleich sie meinen Vater schätzten – eine schwere Entscheidung zu treffen hatten. Ich bezweifelte, ob wir den Verlust ihrer Zusammenarbeit verkraften würden, doch dies war nicht der Augenblick, um das zur Sprache zu bringen.

Bernie fuhr fort: «Sicher sorgen Sie sich um unsere zukünftige Abnahme Ihrer Produkte. Ich möchte Ihnen aber zusichern, dass wir Ihnen auch weiterhin unser volles Vertrauen schenken und Ihre Brenner kaufen werden. Von unserem Standpunkt aus gibt es keinen Anlass zu einer Veränderung.»

Ich konnte meinen Ohren kaum trauen. Als sich die Worte langsam setzten, war es, wie wenn eine gewaltige Last von meinen Schultern genommen würde.

«Bernie», erwiderte ich, «ich weiss gar nicht, was ich sagen soll. Ich bin mir bewusst, dass Sie nicht dazu verpflichtet sind. Es gibt mehrere Unternehmen, die liebend gern mit Ihnen zusammenarbeiten würden. Aber ich versichere Ihnen: Wir werden alles in unserer Macht Stehende tun, um Ihnen ein guter Lieferant zu sein. Wir werden Sie nicht enttäuschen.»

In Bernies Reaktion war eine Anteilnahme zu spüren, die in den heutigen Geschäftsverbindungen häufig fehlt. Sein Unternehmen ging ein Risiko ein, und Bernie wusste das. Aber er wusste auch, dass wir nun in einer Verpflichtung standen, ihren Anforderungen zu entsprechen. Ein grosser Ausrutscher unsererseits hätte wahrscheinlich gereicht, um das Geschäftsverhältnis definitiv aufzulösen. Doch wie sich herausstellte, konnten wir dem in uns gesetzten Vertrauen entsprechen, und mittlerweile sind wir seit über drei Jahrzehnten ihr einziger Lieferant von Brennern.

Parallele Wahrheiten

Die Erfahrung mit Bernies Unternehmen ist ein gutes Beispiel für ein Prinzip, das auch am Arbeitsplatz anwendbar ist: biblische Wahrheiten verlaufen oftmals auf parallelen Gleisen.

Zwei Vorstellungen scheinen manchmal im Gegensatz zueinander zu stehen – bis man sie gemeinsam betrachtet und dann ihr Zusammenspiel versteht. Die parallelen Wahrheiten in dem mutigen Schritt, den Bernie gewagt hatte, waren *Anteilnahme* und *Verantwortung.* Sie ergänzen einander. Keines von beiden ist vollständig. Anteilnahme ohne Verantwortung erzeugt Sentimentalität. Verantwortung ohne Anteilnahme ist hart und herzlos. Anteilnahme gekoppelt mit Verantwortung hingegen ist eine einflussreiche Kraft; eine Kraft, die – wie wir herausgefunden haben – eine grosse Motivation zu hervorragender Leistung beinhaltet.

Im Geschäftsleben reicht es nicht aus, wenn Anteilnahme und Verantwortung lediglich vorhanden sind. Sie müssen im Gleichgewicht zueinander stehen. Die heutige Arbeitswelt ist durch ein Ungleichgewicht gekennzeichnet, wobei die Waagschalen deutlich zu Ungunsten der Anteilnahme kippen. Eine Möglichkeit, sie wieder ins Gleichgewicht zu bringen, findet sich in der goldenen Regel, welche uns auffordert, uns in den anderen hineinzuversetzen.

Das Modell biblischer Anteilnahme finden wir in Jesus Christus, der ein enormes Einfühlungsvermögen für andere Menschen hatte, aber ebenso die entsprechende Forderung nach verantwortlichem Handeln. Ein gutes Beispiel hierfür findet sich im achten Kapitel des Johannesevangeliums, die Begebenheit mit der Frau, die zu Jesus gebracht wurde, nachdem sie beim Ehebruch ergriffen worden war. Das jüdische Gesetz forderte für diese Sünde Tod durch Steinigung – eine äusserst grausame Hinrichtungsart.

Ihre Ankläger sahen dies als eine Chance, Jesus auf die Probe zu stellen. Aber als Antwort auf ihre Anschuldigungen gegen die Frau bückte sich Jesus lediglich nieder und schrieb mit seinem Finger etwas in den Sand. Als sie ihn weiter bedrängten, schaute er auf und sagte: «Wer von euch ohne Sünde ist, werfe als Erster einen Stein auf sie.» Vom eigenen Gewissen überführt, verschwand ein Ankläger nach dem anderen.

Anschliessend sprach Jesus die Frau an und fragte, ob sie jemand verurteilt habe. «Niemand, Herr», antwortete sie.

«Auch ich verurteile dich nicht», sagte er. «Geh hin und sündige von jetzt an nicht mehr!»

In seiner Ermahnung, nicht mehr zu sündigen, sehen wir, wie sich die Anteilnahme des Herrn mit der ihr zugewiesenen Verantwortung die Balance hielt. Dies war die Weise, in der sich Jesu grosse Gnade immer offenbarte. Sie beinhaltete die Erwartung, dass die betreffende Person auch verantwortlich handeln würde.

Praktische Anteilnahme

In unserem Arbeitsumfeld finden wir genügend Möglichkeiten, um Anteil nehmen zu können. Hier sind einige Beispiele:

› Ein Arbeitnehmer wurde bei seiner Bewerbung in eine höhere Position nicht berücksichtigt. Wir halten es für hilfreich, uns mit ihm zusammenzusetzen, unser Verständnis für seinen Schritt zu zeigen und ihm Möglichkeiten darzulegen, wie er seine Qualifikationen noch verbessern könnte. Wir ermutigen ihn, sich auch in Zukunft wieder für einen höheren Posten zu bewerben.

› Ein Arbeitnehmer hat privat Verluste erlitten – Tod oder eine schwere Krankheit. Auch hier ist es angebracht, Anteilnahme zu zeigen, wenn möglich in einem persönlichen Gespräch. Auf diese Weise zeigen wir ihm, dass wir von seiner Situation betroffen sind. Wären wir nicht auch dankbar für ein solches Mitempfinden, wenn ein Verlust uns getroffen hätte?

› Ein Kunde hat Zahlungsschwierigkeiten und benötigt eine Verlängerung seines Kredits. Natürlich müssen wir das Risiko abwägen, aber unser Verständnis und wenn möglich unser Entgegenkommen können eine dauerhafte Loyalität sowie den Willen, seinen Verpflichtungen nachzukommen, bewirken.

› Das Schwierigste von allem ist möglicherweise die Auflösung eines Arbeitsvertrags – die wohl unangenehmste Aufgabe eines Managers. Ich halte es dabei für wichtig, zwei entscheidende Schritte auseinander zu halten: Zuerst muss ich mich dem erforderlichen Prozess stellen, der für eine klare Entscheidung nötig ist. Dies ist der analytische Schritt, der der Sachlage realistisch ins Auge schaut. Das Zweite ist die Kündigung selbst, die mit aller aufzubringenden Anteilnahme erfolgen soll. So sollte man sich bemühen, den Abgang nach Möglichkeit beispielsweise durch eine Abfindung oder Arbeitsvermittlungsdienste abzufedern. Wichtig und hilfreich ist es, diesen Prozess als Erleichterung anzusehen ... als einen Schritt, den der Herr benutzen kann, um seine höheren Ziele zu verwirklichen – sowohl im Leben des Betroffenen als auch im Unternehmen.

Advent Industries

Vor einigen Jahren, während einer Zeit hoher Arbeitslosigkeit in unserer Gegend, bot sich eine ungewöhnliche Möglichkeit, unsere Anteilnahme am Arbeitsplatz zu zeigen. Für unsere freien Stellen bekamen wir die besten Kandidaten. Doch die hohe Zahl der Arbeitssuchenden, die praktisch unvermittelbar waren, ernüchterte mich. In ihren Vorgeschichten fand sich ein ganzes Register an Straftaten, Drogenmissbrauch oder vorzeitigen Schulabbrüchen. Diese Leute hatten praktisch keine Chancen mehr, irgendwo eingestellt zu werden.

Wir entschlossen uns, das Problem anzugehen. Ich sprach mit Ed Seabold, einem Geschäftsfreund aus der Branche, über das Konzept einer Firmenneugründung, um diese benachteiligten Leute einzustellen und auszubilden. Ed, ein nüchterner, aber feinfühliger Manager, bot spontan an, seine momentane Arbeit zu verlassen und die Leitung dieser Firma zu übernehmen. Damit war Advent Industries geboren, ein profitorientierter Betrieb, der als Zulieferer für unser Unternehmen und andere örtliche Firmen seine Arbeit aufnahm. Als wir in die Schulen, zur Polizei und zum Gericht gingen, um Leute zu finden, die «schlecht» genug waren, um unserem Arbeitnehmerprofil zu entsprechen, zeigte man sich mehr als kooperativ bei der Suche nach «würdigen» Kandidaten.

Bald schon beschäftigte Advent Industries mehr als fünfzig Leute unter anstrengenden, aber ebenso unterstützenden Arbeitsbedingungen. Für die meisten dieser Leute war dies ihre erste «saubere» Anstellung. Wir mussten ihnen beibringen, wie man arbeitet, wie man Vorgesetzte respektiert und sogar wie man eine Gehaltsüberweisung abholt.

An dem Tag, als Ed seine Bürotür zuschloss und einige Stunden weg war, lernten wir eine wichtige Lektion. Bei seiner Rückkehr schloss er die Tür auf und bemerkte, dass jemand im Büro gewesen war und sich Kaffee gemacht hatte. Als er die Arbeiter fragte, erfuhr er folgendes: Einige von ihnen hatten kurzerhand die Deckenplatten entfernt, waren von oben eingedrungen, hatten sich ihren Kaffee zubereitet und waren dann zurück an die Arbeit gegangen! Dies war das letzte Mal, dass Ed seine Bürotür zuschloss.

In den zwanzig Jahren, in denen Advent Industries nun besteht, hat sich die Kombination von Anteilnahme und Verantwortung überaus gelohnt. Über tausend Menschen haben das Programm durchlaufen, das zwischen sechs Monaten und zwei Jahren dauert. Viele haben es nicht geschafft; sie kamen mit den disziplinierten Arbeitsbedingungen nicht zurecht. Doch viele andere nutzten die Chance und fanden so den Einstieg ins Berufsleben. Als Resultat ihrer Erfahrung bei Advent Industries besassen sie nicht nur die erforderliche Grundausbildung, sondern bekamen zudem ein Gefühl für Selbstwert und Sinn vermittelt.

Jedes Unternehmen hat die Möglichkeit, eine «anteilnehmende Firma» zu sein. Biblische Wahrheiten – auf die jeweilige Situation zugeschnitten – machen den Weg dafür frei. Das eindrückliche Beispiel, das uns Bernie Jahre zuvor gegeben hatte, hat uns für immer gelehrt, dass auch Anteilnahme und nicht nur Verantwortung allein in die Arbeitswelt gehört.

16

Aussergewöhnliche Dienstleistungen

Haben Sie jemals von einer besonderen Dienstleistung eines Geschäfts profitiert? Wenn ja, dann sind Sie inzwischen ziemlich sicher als Kunde dorthin zurückgekehrt. Sie haben ein Geschäft gefunden, von dem Sie sicher sind, gut bedient zu werden.

Eine Begebenheit aus dem Leben von Jim, unserem leitenden Verkaufsmanager, beschreibt eine solche Dienstleistung. Die Tatsache, dass ich als Chef erst Monate später davon erfuhr, machte die Sache nur noch spezieller. Zudem kam sie eher nebenbei zur Sprache.

Wie Jim erfuhr, hatte einer unserer kleineren Kunden eine zu geringe Stückzahl von einem bestimmten Teil bestellt, welche ihm nun ausgingen. Man hoffte, die Produktion auch während der Weihnachtsferien aufrechterhalten zu können. Aber ohne unsere Teile hätte der Betrieb vorübergehend schliessen müssen. In der Firma erzählte Jim niemandem davon, nur seine Frau war informiert, dass er mit den Teilen im Kofferraum seines Autos etwa dreihundert Kilometer durch einen Schneesturm fuhr, damit die Produktion bei unserem Kunden nicht unterbrochen werden musste. Es ist überflüssig zu erwähnen, dass Jims selbstlose Initiative unser bereits gutes Geschäftsverhältnis noch vertiefte.

Der Gedanke des Dienens ist in der Bibel tief verwurzelt, besonders in der Lehre des Neuen Testaments. Alle Kulturen, auf die das Evangelium den stärksten Einfluss hatte, haben im Allgemeinen eine tiefe Ethik des Dienens. Umgekehrt existiert in vielen Kulturen nicht einmal ein Bewusstsein für den Dienst am Kunden. Der nächst liegende Begriff für *Kunde* lautet im Russischen *Benutzer von Produkten!*

Der vorbildliche Diener

Jesus ist unser unübertroffenes Vorbild für wahre Dienerschaft. Mit seinen eigenen Worten machte er deutlich, er sei zum Dienen gekommen, nicht um bedient zu werden. Der Apostel Paulus erwähnt diesen Charakterzug des Herrn und ermutigt uns, die gleiche Einstellung anzustreben. Ein Abschnitt aus dem Brief des Paulus an die Philipper beschreibt dies besonders gut:

«Habt diese Gesinnung in euch, die auch in Christus Jesus war, der in Gestalt Gottes war und es nicht für einen Raub hielt, Gott gleich zu sein. Aber er machte sich selbst zu nichts und nahm Knechtsgestalt an, indem er den Menschen gleich geworden ist, und der Gestalt nach wie ein Mensch befunden, erniedrigte er sich selbst und wurde gehorsam bis zum Tod, ja, zum Tod am Kreuz» (Phil. 2,5–8).

Hier finden wir das wahre Wesen der Dienerschaft. Der Herr kam in völliger Demut auf die Erde, obwohl er der Urheber und Erhalter der ganzen Schöpfung ist. Sein dienendes Wesen offenbarte sich von Geburt an, als er in einer schlichten Futterkrippe lag. Sein Leben war von Bescheidenheit gekennzeichnet; er besass praktisch nichts, liess aber anderen seine Grosszügigkeit beständig zuteil werden.

Jesus kümmerte sich so sehr um die Menschen, dass er nachts oft aufblieb, um Zeit zum Beten zu finden. Er widerstand jedem Versuch seiner Volksgenossen, ihn in die Rolle eines Herrschers zu drängen. Am Ende wurde er zu Unrecht angeklagt, öffentlich zur Schau gestellt und unter dem enormen Druck eines wilden Pöbels verurteilt. Unschuldig starb er an einem Kreuz, eine rohe und schändliche Form der Hinrichtung, um allen, die an ihn glauben, das ewige Leben zu ermöglichen.

In allem, was Jesus tat, war er ein Vorbild. Sein tadelloses Vorbild wurde von seinen frühen Nachfolgern übernommen und nachgeahmt, die die Freude des Opferns und den Lohn des Dienens verstanden hatten. Ihr Leben bestand nicht aus Komfort oder Annehmlichkeiten, vielmehr stellten sie die Welt auf den Kopf, indem sie sich für andere einsetzten. Doch das war noch nicht alles. In der ganzen Menschheitsgeschichte hat Christus in seinen Nachfolgern die Frucht aussergewöhnlicher Opferbereitschaft, überwältigende Freiwilligkeit und einen unermesslichen Nutzen für andere hervorgebracht – und dies in einem Mass, das keine Religion oder Philosophie aufweisen kann.

Das dienende Unternehmen

Wie realistisch ist die Erwartung, das Konzept biblischen Dienens in der heutigen, oftmals rauen und ständig fordernden Arbeitswelt anwenden zu können? In unserem Unternehmen begannen wir damit, indem wir unsere Erwartungen bewusst formulierten. Sie sind in einem Papier enthalten, das unsere wesentlichen Überzeugungen und Wertvorstellungen wiedergibt und damit für unsere ganze Belegschaft richtungsweisend ist:

«Wir verpflichten uns, unsere Kunden sehr aufmerksam zu bedienen – noch mehr, als dies normalerweise üblich ist. Zudem wollen wir bei der Erfüllung der Aufträge jegliche Art von Arroganz und Gleichgültigkeit vermeiden. Es ist auch unser Wunsch, unsere Arbeit zuverlässig und vertrauenswürdig auszuführen; wir sind gewillt, uns für unsere Überzeugungen engagiert einzusetzen.»

Wir müssen nicht lange nach Möglichkeiten suchen, um dies umsetzen zu können. Der Tonfall, mit dem Anrufe beantwortet werden, der Umgang mit einem gereizten Kunden, unsere Art, auf Probleme zu reagieren – all das bestimmt den positiven oder auch negativen Charakter unserer Dienstleistung. Jan Carlson, ehemaliger Generaldirektor der Fluggesellschaft SAS, bezeichnet diese Situationen als «Augenblicke der Wahrheit» – wenn wir es wollen, können es Gelegenheiten sein, in denen wir einen aussergewöhnlichen Dienst unter Beweis stellen können.

Im Folgenden sind einige Wege aufgeführt, mit denen wir versuchten, dem Aspekt des Dienens in unserem Betrieb mehr Raum zu geben:

› Wir erwarten, dass sowohl die internen als auch unsere externen Kunden zufriedenstellend bedient werden. Ein «interner Kunde» ist jeder, der den Dienst eines anderen nutzt, wie beispielweise ein Manager, der einen handgetippten Brief von einer Sekretärin empfängt, oder ein Arbeiter, der vom Chef eine Leistungsbeurteilung bekommt, oder ein Monteur, der ein Teil aus der Schweisserei oder Lackiererei erhält. All diese Abwicklungen – mit denen Menschen im Geschäftsleben unablässig zu tun haben – bieten erstklassige Möglichkeiten, anderen zu dienen.
› Wir sind der Ansicht, dass wir unseren Angestellten die Möglichkeit bieten müssen, Unternehmen unserer Kunden zu besichtigen. Gelegentlich besuchen unsere Produktionsarbeiter die Herstellungsabteilungen unserer Abnehmer. Dort haben sie die Möglichkeit, ihre Kollegen zu treffen und sie direkt zu fragen, was wir an unseren Produkten verbessern können.
› Kompromisslose Qualität geht Hand in Hand mit Dienstleistung. Wir verfügen über moderne Systeme, die die Qualität unserer Produkte sicherstellen.
› Regelmässig wird von der Belegschaft ein «Mitarbeiter des Monats» ernannt, dessen Wahl unter anderem eine uneigennützige Zusammenarbeit mit den Kollegen zu Grunde liegt. Ein Foto des Angestellten wird jeweils für alle sichtbar ausgehängt, zudem erscheint in unserem internen Mitteilungsblatt ein biografischer Artikel über ihn. Und schliesslich erfährt er auch auf den Unternehmensversammlungen öffentliches Lob.
› Unser Personal in Führungspositionen ist speziell ausgebildet, um den Angestellten zu «dienen»: Es soll die Arbeit erleichtern, nicht erschweren; unterstützen, nicht herrschen; lehren, nicht kritisieren. Mit nur vier Ebenen verfügen wir über eine einfache, flache Organisationsstruktur, damit kollegiale Beziehungen unterstützt und hierarchisches Handeln reduziert werden.
› Wir versuchen immer ein offenes Ohr zu haben – was der

wichtigste Aspekt der Kommunikation ist. Regelmässig führen wir Kundenbefragungen durch, damit wir Schwachstellen frühzeitig erkennen. Die Belegschaft trifft sich mit dem Management in Diskussionsrunden und erhält so immer wieder Gelegenheit, Probleme anzusprechen. Durch diese Massnahmen wollen wir uns davor bewahren, uns mit der gegenwärtigen Situation zufrieden zu geben.

Dienen – eine einflussreiche Kraft

Es bedeutet viel Arbeit, die Dienstleistung eines Unternehmens zu verbessern. Die meisten von uns würden lieber bedient werden – anderen zu dienen, liegt nicht in unserer Natur. Doch die Firmen und Menschen, die diese Mühe auf sich nehmen, machen häufig erstaunliche Erfahrungen.

Auf einer Geschäftssitzung im Ritz Carlton Hotel in Palm Springs, Kalifornien, erlebte ich eine eindrückliche Demonstration dieser Tatsache. Nachdem mir die aussergewöhnliche Höflichkeit und Hilfsbereitschaft des Personals aufgefallen war, fragte ich den Manager: «Wie bringen Sie Ihre Mitarbeiter dazu?»

Er zog ein Papier mit den Grundsätzen, nach denen die Ritz-Hotelkette geführt wird, aus der Tasche und erklärte mir die umfassende Ausbildung, die seine Angestellten in diesem Bereich erhalten. Anschliessend machte er eine Aussage, die mich faszinierte.

«Mr. Beckett», (irgendwie hatte er meinen Namen herausbekommen!) «als wir vor einigen Jahren in dieses Tal kamen, hatte man nur eine schwache Vorstellung von Kundendienst. Heute scheint er überall gegenwärtig zu sein, vom Fastfood-Restaurant bis zur Autoreparaturwerkstatt. Die Leute erkundigen sich, womit sie ihnen helfen können, und sind ständig dabei, die Qualität ihrer Dienstleistungen zu verbessern. Ich glaube, dass unsere Saat allmählich aufgeht und jetzt überall hervorspriesst. Das ist sehr erfreulich.»

Raten Sie einmal, wo ich übernachten werde, wenn ich wieder einmal nach Palm Springs fahre!

Der Gedanke des Dienens ist eine wirkungsvolle Kraft, besonders wenn die Motive aufrichtig sind und im Einklang mit dem biblischen Ursprung stehen. Was Jesus durch sein Vorbild vermittelte, ist auch heute noch von Bedeutung – sowohl in unserem persönlichen Leben als auch am Arbeitsplatz. Wenn Führungskräfte in die Rolle des Dieners schlüpfen, wenn Angestellte andere an erste Stelle setzen, wenn Wärme und Herzlichkeit herrschen – dann kann eine Atmosphäre des Dienens entstehen, von der letztlich alle profitieren.

17

Etwas zurückgeben

Mittlerweile kann ich auf eine nahezu vierzigjährige berufliche Laufbahn zurückblicken. Durch Gottes Gnade und mit enormer Unterstützung von Geschäftskollegen, meiner Familie und Freunden waren wir in dieser Zeit in der Lage, eines der führenden Unternehmen mittlerer Grösse in Amerika aufzubauen. Wenn ich unseren heutigen Stand mit der Zeit vergleiche, als ich im Betrieb anfing, so stelle ich fest, dass sich unser Umsatz um fast das Hundertfache erhöht hat (natürlich ist ein grosser Teil davon auf die Inflationsrate zurückzuführen). Unser Unternehmen ist bekannt für Integrität und herausragende Qualität, was sich durch einen hohen Marktanteil und sehr treue Kundschaft auszahlte. Wir sind dankbar, dass wir beständig Gewinne verzeichnen konnten und mit einer minimalen Verschuldung auskamen.

Diese erfreuliche Situation hat es uns ermöglicht, «etwas zurückzugeben». In diesem Kapitel möchte ich unsere Vorstellung über das Geben deutlich machen. Ich werde einige Gedanken weitergeben, die unserem Handeln zugrunde liegen. (Ich gestehe ein, unsere Praxis in diesem Bereich mit einem gewissen Widerwillen offen zu legen, da wir uns dafür entschieden haben, mit diesem Aspekt unserer Geschäftspolitik in der Öffentlichkeit zurückhaltend zu sein.)

Anderen helfen

Unsere erwirtschafteten Gewinne werden regelmässig zur Weiterentwicklung ins Geschäft zurückgeführt. Ausserdem lassen wir unsere Arbeitnehmer am Erfolg teilhaben, indem ihnen nach einem offiziellen Gewinnbeteiligungsplan Prämien ausbezahlt werden. Doch besonders erfreut sind wir über die Möglichkeit, eine ganze Reihe von Organisationen zu unterstützen, die sowohl in den USA als auch im Ausland die Lebensbedingungen von Menschen verbessern. Wir halten dies für einen wichtigen Aspekt unseres Firmenziels.

Vor Ort haben wir benachteiligten Menschen beim Einstieg ins Arbeitsleben geholfen (z. B. durch Advent Industries) und sind Bildungsdefizite in unserer Stadt angegangen. Des Weiteren haben wir uns durch persönliches Engagement und finanzielle Unterstützung für die Erhaltung und Verschönerung der Natur in unserer Umgebung eingesetzt. Im Ausland haben wir Fonds gegründet, um den Ausbau von Wasserbrunnen in Indien zu fördern, um kleine Betriebe in Afrika und Mittelamerika ins Leben zu rufen und um die verheerenden Folgen von Flutkatastrophen und Hungersnöten aufzufangen. So können wir durch unsere finanzielle Hilfe jene Personen unterstützen, die sich vor Ort für die Projekte einsetzen.

Wir konzentrieren uns auf Aktivitäten, hinter denen wir völlig stehen können und solche, von denen wir uns eine grosse Wirkung versprechen. Vor fünfundzwanzig Jahren habe ich z. B. die Organisation *Intercessors for America* (Fürbitte für Amerika) mitgegründet, bei der ich momentan den Vorsitz führe. Ihr Ziel ist es, zum Gebet für Amerika und seine Regierung aufzurufen, da wir überzeugt sind, dass eine gesunde geistliche Haltung für das Wohlergehen unserer Nation unerlässlich ist. IFA hält regelmässigen Kontakt zu 50 000 Personen und 5000 Gemeinden im ganzen Land. Ähnliche Organisationen gibt es mittlerweile in fast vierzig Ländern der Erde.

So haben wir uns mit der vollen Unterstützung des Vorstands und unserer Aktionäre entschlossen, einen Teil unserer finanziellen Mittel dafür zu verwenden, um anderen Menschen zu helfen. Zudem ermutigen wir unsere Mitarbeiter, sich in kommunalen Gremien aktiv einzubringen. Ich kann verstehen, dass nicht jede Firma eine solche Praxis für angemessen erachtet oder dazu in der Lage ist. Für öffentliche Handelsunternehmen ist es sicher schwieriger, obschon viele von ihnen grosszügige Hilfsbeiträge leisten und finanziell immer noch sehr gut dastehen. Letztlich muss jedes Unternehmen für sich entscheiden, welches der richtige Weg ist.

Verwalter Gottes

Ich glaube, dass unser Erfolg und die sich daraus ergebenden Möglichkeiten zur Unterstützung von Hilfsprojekten auf einige wichtige Entscheidungen zurückzuführen sind, die wir über die Jahre getroffen haben.

Wie zuvor schon beschrieben, musste ich wählen, ob ich im Geschäftsleben bleibe oder Aktivitäten nachgehe, von denen ich glaubte, sie stünden dem christlichen Dienst näher. Ich kam zum Schluss, dass ich eine berechtigte «Berufung» ins Geschäftsleben hatte. Allerdings ging es nicht darum, einfach irgendwie wirtschaftlich tätig zu sein. Das Ziel bestand darin, mit unserem Unternehmen die höchste und beste Form des Geschäftslebens zu repräsentieren. Und schliesslich wurde mir völlig klar, dass dies nicht mein, sondern Gottes Geschäft war. Anstatt der «Eigentümer» zu sein, bin ich lediglich der Verwalter, der darüber wacht, solange Gott es will. Obwohl mein Name als Hauptaktionär auf den Aktiennachweisen steht, besteht eine «stillschweigende Abmachung», dass die Firma Gott gehört – denn schliesslich kann sie nicht uns beiden gehören!

In unseren Geschäftsstatuten haben wir diese Verwaltungsphilosophie folgendermassen festgehalten:

«Unser Unternehmen ist kein Selbstzweck, sondern ein Instrument für Gottes grössere Absichten. Somit sind wir aufgefordert, für ihn zu arbeiten und weise und fähige Verwalter dessen zu sein, was er uns anvertraut hat. Wir erkennen an, dass Gott nicht auf uns angewiesen ist, er uns aber als seine Werkzeuge gebrauchen möchte.»

Mit anderen Worten, unsere Arbeit gehört Gott, und damit auch unser *ganzer* Besitz.

Die zweite Entscheidung war eher persönlicher Art. Ziemlich bald, nachdem ich begonnen hatte, meinen Glauben praktisch umzusetzen, fassten Wendy und ich den Entschluss, den biblischen Leitlinien in Bezug auf den Zehnten nachzukommen. Damit ist gemeint, wenigstens zehn Prozent des Bruttoeinkommens zur Unterstützung von Einzelpersonen oder Organisationen im Reich Gottes abzugeben. Als Familie machten wir uns dies unverzüglich zur Gewohnheit, und nach kurzer Zeit war es uns möglich, weit mehr als den «Zehnten» zu geben. Diese Entscheidung gehörte zu den grössten Privilegien unserer Familie und gleichzeitig durften wir erleben, wie Gott uns in dieser Haltung der Verwalterschaft segnete.

Allerdings ist es wichtig, eine klare Sicht über Geben und Empfangen zu haben. Es ist falsch zu meinen, wir könnten Gott durch unsere grosszügigen Gaben manipulieren im Glauben, dadurch seinen Arm in Bewegung setzen und seine Segnungen empfangen zu können. Und dennoch hat Gott eine Verbindung zwischen Säen und Ernten eingerichtet. Die Bibel sagt: «Denn was ein Mensch sät, das wird er auch ernten» (Gal. 6,7). Ich kann bezeugen, dass der Herr in den Jahren, nachdem wir diese Verpflichtungen eingegangen waren, die Mittel immer wieder vervielfachte, die er uns zur Verwaltung gegeben hatte.

Ein Hauptthema

In der Bibel stellt der Gedanke der Verwalterschaft ein wichtiges Thema dar – mit vielen Anwendungen auf das Berufs- und Geschäftsleben. Beachten Sie in den folgenden Beispielen, wie viel Gott von diesen Männern und Frauen erwartete.

Adam und Eva, das erste Menschenpaar, wurden in einen Garten gesetzt mit der Verantwortung, ihn zu bebauen und zu bewahren.

Joseph wurde aus Sklaverei und Gefängnis herausgeführt, um Ägyptens Getreidevorrat während einer verheerenden siebenjährigen Trockenheit zu verwalten; dadurch wurden unzählige Menschenleben in dieser Region gerettet.

Dem Volk Israel war die Verantwortung übertragen worden, Gottes Offenbarung über sich selbst zu «verwalten» – einschliesslich seines Gesetzes und seiner Verheissungen.

Immer, wenn sie treu über das Anvertraute wachten, ging es ihnen gut. Wenn jedoch nicht, wurden ihnen die Segnungen entzogen und sie litten Not.

Jesu Lehren bezogen sich häufig auf Verwalterschaft, wobei er Gleichnisse verwendete, die mit dem Geschäftsleben seiner Zeit in Verbindung standen. In einem Gleichnis im Lukas-Evangelium vertraute ein Reicher seinen Knechten eine beträchtliche Summe Geld an, während er ins Ausland reiste. Er sagte zu ihnen: «Handelt damit, bis ich wiederkomme!» (Luk. 19,13). Er erwartete von ihnen, dass sie mit dem anvertrauten Geld Gewinne erzielten. Bei seiner Rückkehr belohnte er jene, die etwas aus dem Geld gemacht hatten. Doch dem Knecht, der keinen Gewinn erzielte, wurde das Anvertraute genommen und dem gegeben, der am produktivsten war. Der Untätige hatte eine falsche Vorstellung von seinem Verwalteramt.

Das neutestamentliche Wort, das mit «Verwalter» übersetzt wird, lautet *oikonomos*, von dem auch das Wort «Ökonomie» abstammt. *Oikos* bedeutet «Haus» und *nemo* bedeutet «zuteilen». Der Begriff beinhaltet also den Gedanken der Verwaltung. Das, was wir besitzen, gehört nicht uns, sondern ist uns nur anvertraut.

Und schliesslich hat die Verwalterschaft noch einen Ewigkeitsbezug, da mehrere Bibelstellen deutlich machen, dass wir einmal Rechenschaft ablegen müssen. Im Gleichnis Jesu über den ungerechten Verwalter liegt der Schwerpunkt auf der Treue: «Wer im Geringsten treu ist, ist auch in vielem treu» (Luk. 16,10). Interessanterweise ist Geld in diesem Fall das «Geringste». Es gibt weit mehr als nur Geld, wo Treue von uns erwartet wird!

Was hast du da in deiner Hand?

Jeder von uns hat ein bestimmtes Mass an Verantwortung über die ihm anvertrauten Dinge. Oft ist es so selbstverständlich, dass wir es gar nicht erkennen. So war es auch bei Mose. Gott sandte ihn zum Pharao, der die Israeliten aus der ägyptischen

Gefangenschaft ziehen lassen sollte. Mose protestierte, weil ihn die Aussicht auf eine Auseinandersetzung mit dem stolzen, verhärteten ägyptischen Herrscher ängstigte.

Gott fragte Mose schliesslich: «Was hast du da in deiner Hand?» (2. Mose 4,2). Für Mose war der Holzstab in seiner Hand nur ein Stecken, den er in den vierzig Jahren in der Wüste der Sinai-Halbinsel bei seiner Arbeit als Hirte benötigte. Doch in Gottes Augen war er etwas völlig anderes.

«Wirf ihn auf die Erde!», befahl Gott (2. Mose 4,3).

Völlig erstaunt sah Mose, wie der Stab, den er auf den Boden geworfen hatte, zu einer Schlange wurde. Gott zeigte Mose, dass das, was er in der Hand hatte, ein Instrument war, welches Gottes Macht und Autorität repräsentierte.

Wenn wir uns überlegen, was uns zur Verwaltung gegeben ist, können wir uns fragen: «Was habe ich in meiner Hand?» Um die Frage zu beantworten, müssen wir über unser Geld hinaussehen. So wichtig es auch ist, so ist es doch nicht alles. Die Dinge, die Gott uns zur Verwaltung anvertraut hat, reichen in viele Bereiche hinein. Zum Beispiel die Arbeitnehmer in einem Betrieb. Maximieren wir ihr Potential, indem wir sie herausfordern und weiterbilden? Helfen wir ihnen, ihre Begabung und Berufung herauszufinden und geben ihnen die Möglichkeit zur Weiterentwicklung?

Unternehmen haben auch Einfluss. Nutzen wir die Möglichkeiten, um unsere Städte zu unterstützen, gegen gesellschaftliche Probleme anzugehen und die Politik zu beeinflussen?

Und natürlich haben Unternehmen finanzielle Mittel. Setzen wir sie zum Nutzen der Aktionäre, Arbeitnehmer und Kunden weise ein? Verwenden wir dieses Geld auch für Menschen im Ausland – für Menschen, denen es nicht so gut geht, die grosse Not leiden? Sind wir uns bewusst, wo Gott unser Geld zur Unterstützung seiner ewigen Absichten haben möchte?

Larry Burkett, ein weithin geachteter Finanzberater, erzählt die Geschichte eines Mannes, der die Vereinigten Staaten zum ersten Mal besuchte. Er kam aus einem unterentwickelten

Land, wo er und seine Freunde Gott auch in den kleinsten Dingen vertrauen mussten. Nachdem er einige Zeit hier war, sagte er: «Es verblüfft mich, wie viel in diesem Land ohne Gott erreicht wird!»

Wenn das wahr ist, sind wir sehr arm und sind uns dessen nicht bewusst, da wir die Grundsätze der Verwalterschaft ignoriert haben. Die Realität zeigt sich in der biblischen Sichtweise, die uns darauf hinweist, dass all unser Besitz und unsere wirklich wertvollen Errungenschaften von Gott kommen. Alles, was wir haben, ist uns von ihm anvertraut. Wir sind seine Verwalter.

18

Der Balanceakt

Das Gleichgewicht zwischen Arbeit und Familie aufrechtzuerhalten, ist eine der grössten Herausforderungen für einen Geschäftsmann.

Dies wurde mir während einer Besprechung mit zwölf Führungskräften von amerikanischen Grossunternehmen bewusst, die ich vor kurzem traf, um ein Netzwerk zur gegenseitigen Stärkung und Unterstützung aufzubauen.

Auf der Tagesordnung standen die dringendsten Themen, mit denen wir als Christen im Geschäftsleben konfrontiert sind. Wir sprachen über Werbetechniken, Vertragsauflösungen, Möglichkeiten zum persönlichen Glaubensbekenntnis usw. Doch die grösste Herausforderung – darin waren wir uns alle einig – besteht darin, unsere Kinder zu erziehen und eine Beziehung zu ihnen aufzubauen.

Es spricht für diese schwerbeschäftigten Generaldirektoren, dass sie familiäre Schwierigkeiten für wichtiger erachteten als Probleme bei der Arbeit. Dennoch war es ernüchternd, eine Familientragödie nach der anderen zu hören. Dies waren Leute, die ihre Kinder liebten und alles für sie tun würden. Und trotzdem gab es so viel Entfremdung, so viele Spannungen, dass wir uns nur ratlos fragten, was wir tun könnten, um diese Probleme zu lösen oder gar nicht erst aufkommen zu lassen.

Wir gestanden uns offen ein: Unser geschäftlicher Erfolg könnte ein mögliches Auseinanderbrechen unserer Familien niemals wettmachen! Aber uns war auch bewusst, dass es keine einfachen Antworten gab.

Gemeinsame Herausforderungen

Die familiären Konflikte, über die wir sprachen, stehen stellvertretend für die ganze westliche Berufswelt – von der

Führungsetage bis zum Förderband und allen dazwischenliegenden Ebenen. Die Worte des Propheten Maleachi am Ende des Alten Testaments kommen mir in den Sinn. Er spricht von einem Tag, an dem die Herzen der Väter sich zu den Kindern wenden werden und die Herzen der Kinder zu den Vätern. Alle Väter und Mütter sehnen sich nach diesem Tag, wenn sie diese Passage lesen.

Als Eltern von sechs Kindern standen Wendy und ich in der Erziehungsaufgabe vor grossen Herausforderungen. Heute haben wir eine lange Liste von Dingen, die wir anders machen würden. Wir können uns nur zu gut mit dem Ehepaar identifizieren, das sechs Theorien zur Kindererziehung besass – aber keine Kinder. Später hatten sie sechs Kinder – aber keine Theorien mehr!

Dennoch können wir Gottes Treue bezeugen. Wir sind mit intakten familiären Beziehungen gesegnet, und als unsere Kinder älter wurden, festigten sich ihre Freundschaften untereinander noch (Wir haben uns ehrlich gefragt, ob das je passieren würde!). Wie dankbar sind wir, dass sie hohe moralische Wertvorstellungen beibehalten haben, ihren Glauben ernst nehmen und ihren Platz im privaten und beruflichen Leben engagiert ausfüllen. Nach dem Treffen mit meinen Geschäftsfreunden war ich so von Dankbarkeit erfüllt, dass ich jedem von ihnen einen Brief schrieb, in welchem ich ihnen mitteilte, wie viel ihre Liebe und ihr vorbildlicher Charakter Wendy und mir bedeuteten.

Den Schwerpunkt auf die Familie legen

Es ist jedoch nicht einfach, die Familie an erste Stelle zu setzen. Wie schaffen wir stark beanspruchten Geschäftsleute es, ein Gleichgewicht herzustellen – bei uns selbst und bei unserem Personal? Ich möchte Ihnen einige Gedanken dazu weitergeben, wobei ich mir durchaus bewusst bin, diese Lektionen sowohl durch unsere Fehler als auch unsere Erfolge gelernt zu haben (Denken Sie an die sechs Theorien!).

Anerkennen Sie die grundlegende Bedeutung der Familie.

In der Bibel setzt Gott drei «Einrichtungen» ein: Familie, Gemeinde und Regierung. Die Gemeinde besteht aus Familien; sie ist nur so gesund und wirkungsvoll, wie die einzelnen dazugehörigen Familien. Regierungen sind eingesetzt, um Freiheit und Sicherheit für Familie und Gemeinde zu garantieren.

Von diesen drei Einrichtungen ist die Familie von grundlegender Bedeutung. Sie wurde von Gott geschaffen, und es ist sein Wille, dass wir in Familien hineingeboren werden. Es ist eine durch Liebe geschützte Einheit, in der die wesentlichen Dinge des Lebens gelernt werden können. Abraham, dem Vater des Glaubens, wurde verheissen, dass in ihm alle Familien der Erde gesegnet würden. Diese Verheissung gilt auch für uns. Gott möchte unsere Familien segnen!

Stellen Sie sicher, dass die Familie wichtiger ist als die Arbeit. Unsere Prioritäten sollten folgendermassen lauten: Zuerst kommt unsere Beziehung zu Gott, dann unsere Familie und erst danach Arbeit und Beruf. Indem wir unseren Glauben an erste Stelle setzen, können wir in der Familie und bei der Arbeit Gottes Willen entsprechend handeln. Doch bei vielen ist diese Prioritätenliste auf den Kopf gestellt – die Arbeit hat den Vorzug vor Glauben und Familie. Die meisten von uns wollen das nicht, aber die Tyrannei der Arbeit überrennt uns. Wir vernachlässigen unsere Verantwortung für die Familie und werden von der unerbittlichen Realität eingeholt, wenn unsere Familien führungslos auf stürmischer See dahintreiben.

Die Entscheidungen, die wir zwischen Familie und Arbeit treffen müssen, können äusserst schwierig sein. Die Forderungen der Arbeit scheinen noch stärker zu werden, wenn Betriebe ihre Belegschaft verringern und sich der Leistungsdruck bei den verbleibenden Arbeitnehmern erhöht. Überzogenes Profitstreben kann andere Prioritäten verdrängen. Zunehmend müssen Frauen arbeiten gehen, um das Einkommen ihrer Ehemänner aufzubessern, damit die Familie über die Runden kommt. Wenn es kaum mehr möglich ist, Zeit für Ehepartner und Kinder aufzubringen, dann ist es vielleicht nötig, dass einer oder beide ihre wöchentliche Arbeitszeit verkürzen oder sogar die Stelle wechseln. Eine Arbeit, die uns Tag für Tag alles abverlangt, kann kaum die richtige sein.

Achten Sie darauf, dass die Zeit, die Sie mit Ihrer Familie verbringen, auch wirklich wertvoll genutzt wird. Hier sind einige Vorschläge, die uns geholfen haben, die Qualität unserer familiären Beziehungen zu verbessern:

› Bringen Sie Ihre Zuneigungen offen zum Ausdruck und zeigen Sie verbindliche Liebe.
› Pflegen Sie eine disziplinierte Atmosphäre, die mit einem guten Schuss Spass das Gleichgewicht hält.
› Suchen Sie nach harmonischen Wegen des Zusammenlebens mit dem Ehepartner – das fördert die Sicherheit der Kinder.
› Arbeiten Sie an der Kommunikation. Nehmen Sie sich Zeit, wenn ein Familienmitglied mit Ihnen reden möchte.
› Suchen Sie Gelegenheiten, wo Sie nur mit einem Kind etwas unternehmen. Das gilt besonders für grössere Familien.
› Versuchen Sie, Mahlzeiten gemeinsam einzunehmen. Pflegen Sie die wichtige Angewohnheit von Tischgesprächen.
› Planen Sie gemeinsame Ferien. Achten Sie darauf, dass kindgerechte Aktivitäten möglich sind.
› Stellen Sie zeitraubende Privatinteressen zurück. (Ich habe das Golfspielen zwanzig Jahre lang an den Nagel gehängt – mein mangelndes Können beweist es!)
› Besuchen Sie die schulischen Veranstaltungen und die Lehrer Ihrer Kinder. Zeigen Sie Ihr Interesse, wenn Ihre Söhne und Töchter an sportlichen Anlässen teilnehmen. Unterschätzen Sie nicht die emotionale Wirkung auf Ihr Kind, wenn Sie sie als Eltern beim Fussball anfeuern – oder zum Zuschauen zu beschäftigt sind.
› Begrenzen Sie die Zeit vor dem Fernseher. Wenn Sie eine Sendung anschauen, dann tun Sie es doch gemeinsam. Suchen Sie nach Freizeit-Alternativen, die gesund sind und Spass machen. Oder wählen Sie einen wertvollen Videofilm aus, wenn das Fernsehprogramm nichts zu bieten hat.
› Halten Sie regelmässige Gebetszeiten – für die Familie und mit der Familie.

Ich bin völlig überzeugt, dass der wichtigste gemeinsame Nenner in der Familie sinnvoll verbrachte Zeit ist. Fragen Sie Ihre Kinder ruhig einmal, was sie am liebsten tun würden. Ich bin sicher, sie werden sagen: «Am liebsten würde ich etwas mit Mama und Papa unternehmen!»

Familienorientierte Ansätze im Geschäftsleben

Unternehmensleiter haben in ihrer Firma die Möglichkeit, Mittel und Wege zu finden und zu fördern, die ein gesundes Familienleben unterstützen. Oftmals sind es kleine Dinge, die nicht viel kosten und gern in Anspruch genommen werden. Hierzu einige Gedanken:

Geschäftsreisen. Begrenzen Sie die Nächte, in denen Ihre Mitarbeiter von zuhause fernbleiben müssen. Bestehen Sie nicht wie manche Unternehmen auf Rückflügen an bestimmten Tagen, um die Flugkosten zu verringern.

Mutterschaft. Machen Sie es Müttern leicht, mit ihrem Neugeborenen zuhause zu bleiben – je länger, umso besser. Suchen Sie nach kreativen Lösungen, um dies zu ermöglichen.

Laden Sie zu Unternehmensbesichtigungen ein. Laden Sie die Kinder Ihres Personals an einem besonderen Tag in Ihren Betrieb ein. Die Eltern können ihnen dann zeigen, wo und mit wem sie arbeiten. Die meisten Kinder haben keine Vorstellung von der Arbeit ihrer Eltern; sie sehen nur, wie Vater oder Mutter jeden Tag das Haus verlassen ... und dann erschöpft wiederkommen von dieser unangenehmen Sache, die «Arbeit» genannt wird.

Schicken Sie das Mitteilungsblatt des Unternehmens nach Hause. Familienorientierte Inhalte, die ein Interesse am Menschen vermitteln, können Brücken zwischen Familie und Arbeitsplatz schlagen.

Stellen Sie andere Familienmitglieder und Verwandte ein. Ja, es birgt gewisse Risiken, aber ebenso Vorteile. Die meisten Erfahrungen, die wir mit der Einstellung von Familienmitgliedern gemacht haben, waren positiv. Treffen Sie einige Vorsichtsmassnahmen, zum Beispiel sollten Familienmitglieder einander nicht unterstellt sein.

Die richtige Balance zwischen Familie und Arbeit zu finden, ist äusserst wichtig, aber zugegebenermassen nicht einfach. Es liegt in unserem Wesen, uns auf eine Richtung zu konzentrieren, bis wir schliesslich gegen die Wand laufen. Wir benötigen Weisheit, um Probleme frühzeitig zu erkennen und entsprechende Massnahmen zu ergreifen – damit wir unser Leben ins Gleichgewicht bringen, bevor es zu spät ist.

Die Wahl

Zum Schluss dieses Kapitels über die richtige Balance zwischen Familie und Arbeit möchte ich Ihnen noch von Ed erzählen. Ed arbeitete bei einem grossen Autohersteller und investierte inzwischen siebzig oder mehr Stunden pro Woche in seinen Job. Sie können sich sein Einkommen vorstellen! Ich lernte Ed bei einer Gemeindeveranstaltung kennen, und kurze Zeit später rief er mich an.

«John», sagte er, «ich brauche Hilfe. Meine Arbeit frisst mich bei lebendigem Leib auf. Ich verdiene zwar viel Geld, aber ich habe kaum Zeit, mich daran zu freuen. Mein Hauptproblem ist, dass ich keine Zeit für meine Frau und meine beiden Söhne habe. Langsam bekomme ich die Folgen zu spüren.»

Normalerweise stelle ich nicht gerne Arbeiter ein, die bei ihrer früheren Stelle mehr verdienten als bei uns. In solchen Fällen ist es meistens nur eine Frage der Zeit, bis sie unzufrieden werden. Aber bei Ed hörte ich einen Hilferuf. In ihm erkannte ich jemanden, der seine Prioritäten vor Gott neu ordnen wollte. Er hatte die Kosten überschlagen.

Wir stellten Ed ein und er wurde zu einem zuverlässigen Mitarbeiter im Unternehmen und zu einem engen Freund. Später versicherte er mir einmal, dass ihn keine zehn Pferde an den anderen Arbeitsplatz zurückbringen würden – trotz des höheren Einkommens. Endlich war er zufrieden. Sein Leben war ausgeglichen.

19

Ungewöhnliche Unternehmensberatung

Dieses Buch befasst sich mit den Werten, Prinzipien und Gewohnheiten, die einem Unternehmen Erfolg bescheren. Allerdings handelt es nicht nur von nützlichen Faktoren, sondern vielmehr von einer Person, die mehr als nur einen Teil unseres Lebens will. Gott möchte nicht nur im Leben von einzelnen Menschen und in seiner Gemeinde mehr Raum einnehmen, sondern auch in unseren Familien, Schulen, in der Regierung *und* in Handel und Industrie. Er hat eine Absicht mit uns und unserer Arbeit, wo er eine wichtige Rolle spielen möchte.

Um Gott einen besseren Zugang zu ermöglichen, müssen wir ihm unsere Türen öffnen – und seine Gegenwart hineinlassen. Durch Glauben und persönliches Gebet öffnen wir ihm diese Türen.

Weltweit sehe ich Anzeichen dafür, dass Geschäftsleute langsam aber sicher folgende wichtige Wahrheit begreifen: «Wenn wir arbeiten, dann arbeiten wir; wenn wir beten, arbeitet Gott.»

Die Wichtigkeit des Gebets für die Arbeit wurde mir schon früh in meiner Laufbahn bei der Beckett Corporation bewusst. In unserem kleinen Betrieb konnte mein Vater die meisten Funktionen selber ausführen. Nach seinem Tod erkannte ich jedoch recht schnell, dass es mir nicht möglich war, alle seine unterschiedlichen Rollen auszufüllen. Wir stellten gute Produkte her, aber um das Unternehmen zu stärken und wachsen zu lassen, mussten wir unseren Umsatz erhöhen und einen breiteren Kundenstamm anstreben. Es war nötig, eine kompetente Person einzustellen, die wenn möglich über Erfahrungen im Marketingbereich verfügte.

Ich tat, was mir in den Sinn kam, machte frühere Kameraden vom College ausfindig und nahm Kontakt zu Leuten aus unserer Branche auf. Alle lehnten höflich, aber bestimmt ab. Ich kann es ihnen nicht übel nehmen. Unsere Aussichten waren nicht gerade rosig.

Ich hatte gerade erst begonnen, die Bedeutung des Gebets zu verstehen, aber die Dringlichkeit dieser Not veranlasste mich, Gott ernstlich zu suchen. Meine Bitte war einfach, aber aufrichtig. Ich bat ihn, uns jemanden zu schicken, der uns helfen würde. Die Antwort kam bemerkenswert schnell, und auf eine Weise, die ich nicht erwartete.

Eine wichtige Gebetserhörung

Die Standard Oil Company von Ohio (Sohio) war kurz zuvor einer unserer Kunden geworden, und Bob Cook, einer der Marketingmanager, wurde gebeten, die Beurteilung einer Firma in Georgia vorzunehmen, von welcher Sohio Warmluftöfen beziehen wollte. Er bat mich, ihn dabei zu begleiten. Als wir nach einem erfolgreichen Besuch nach Hause flogen, kam Bob taktvoll und doch direkt auf sein Anliegen zu sprechen.

Ich erinnere mich, wie Bob fragte: «John, hättest du Interesse, wenn ich die Stelle wechseln und bei euch arbeiten würde? Ich mag meine Arbeit bei Sohio, aber ich habe meinen Betriebswirt gerade erst abgeschlossen, und ich würde gerne eine neue Herausforderung annehmen. Ich denke, ich habe verschiedene Fähigkeiten, die in deinem Unternehmen hilfreich sein könnten.» Erstaunt erklärte ich, ich würde mich über seinen Vorschlag freuen, und so besprachen wir in den nächsten Wochen die Einzelheiten. Bald darauf arbeiteten Bob und ich zusammen, wobei er sich auf den Marketingbereich konzentrierte.

Ich brauchte nicht lange, um zu begreifen, dass Bob Gottes Gebetserhörung war. Wie sich in den folgenden Jahren herausstellte, waren seine Fähigkeiten und seine Persönlichkeit eine ideale Ergänzung zu meiner Person. Bob setzte sich in besonderem Masse zum Nutzen des Unternehmens ein. Mittlerweile arbeiten wir mehr als dreissig Jahre zusammen und pflegen eine aussergewöhnliche Freundschaft.

Diese frühe Gebetserfahrung lehrte mich eine wichtige Lektion. Ich hatte meine eigenen Ideen und besten Kräfte in die Lösung des Problems investiert und mich erst dann im Gebet an Gott gewandt. Obwohl mir bewusst war, dass Gott mir als Antwort auf mein Gebet zu Hilfe kam, erkannte ich erst nach der Gebetserhörung, dass ich seine Hilfe bereits zu Beginn hätte suchen können.

Aber warum sollte ich beten, wenn Gott doch bereits wusste, was unser Unternehmen benötigte? Wir sollen es ihm gegenüber formulieren – begann ich zu verstehen – das ist sein Wille. Und genau das ist Gebet: ein Gespräch mit Gott. Er möchte empfängliche Herzen, die für seine Anweisungen offen sind – die erfahren möchten, was er will, und nicht eigenwillig oder hart sind. Das Gebet macht unser Herz empfänglich, schärft unsere Hörbereitschaft und ist Ausdruck unserer Abhängigkeit von Gott.

Ein bedeutender Faktor

In Büchern über Unternehmensführung kommt das Thema «Gebet» nicht oft vor. Aber in unserem Betrieb war das Gebet ein wichtiger Bestandteil, und zwar nicht nur in Krisenzeiten. Über fünfundzwanzig Jahre habe ich mich jeden Donnerstagmorgen mit einer kleinen Männergruppe getroffen, zu der auch Bob gehörte. Dann haben wir jeweils in der Bibel gelesen, zusammen gebetet und gefrühstückt. Die Gebete kreisten häufig um unsere Arbeit; wir beteten für die Bedürfnisse der Arbeiter, baten um Weisheit bei Einstellungen oder anliegenden Problemen und für Klarheit bei wichtigen Geschäftsangelegenheiten. Des Weiteren beteten wir für die Bedürfnisse der Familien und für andere Dinge, die spontan als Gebetsanliegen auftauchten.

Es ist jedes Mal etwas Besonderes, eine Gebetserhörung zu erleben. Ich erinnere mich, wie unsere Männergruppe nach dem Öl-Embargo von 1979 Gottes Führung suchte. Trotz deutlicher Anzeichen, dass wir vor einer schweren Zeit standen, hatten wir den Eindruck, wir sollten erst einmal Ruhe bewahren und mit seiner Hilfe rechnen. Dadurch vermieden wir übereilte Entscheidungen und hielten unser Unternehmen auf stetem Kurs, bis der Sturm vorüber war. Diese Strategie erwies sich als äusserst effektiv und unsere Firma ging aus dieser schweren Zeit sogar gestärkt hervor.

Arbeit und Gebet

Im Folgenden einige Bereiche, bei denen das Gebet in unserem Unternehmen zum Tragen kommt:

› Es kommt immer wieder vor, dass ein Arbeitnehmer von seinen persönlichen gesundheitlichen oder familiären Schwierigkeiten erzählt. Ich wurde noch kein einziges Mal zurückgewiesen, wenn ich dann fragte: «Ist es Ihnen recht, wenn ich für Sie und die Situation bete?»

› Wir haben es uns zur Angewohnheit gemacht, besondere Ereignisse im Unternehmen wie gemeinsame Abendessen oder spezielle Versammlungen mit einem Gebet zu beginnen. Unsere Beschäftigten schätzen dies und freuen sich darüber.

› Vor einigen Jahren hatten wir im Betrieb mehrere Brände, die nie aufgeklärt werden konnten. Ich machte einen Aufruf an die ganze Belegschaft, nach der Arbeit zum Gebet zusammenzukommen. Etwa ein Viertel kam dem Appell nach und bat Gott um Hilfe und Schutz. Bemerkenswerterweise kam es danach nie wieder zu einem Brandfall! Ein Freund sagte mir in dieser Zeit: «Wenn wir beten, geschehen 'Zufälle', beten wir nicht, geschehen diese 'Zufälle' nicht.»

› Manchmal ist ein einfaches Gebet zu Beginn eines Geschäftsessens passend. Ein solches Gebet kann die Richtung der Gespräche bestimmen, so wie bei einem führenden Geschäftsmann, der unerwarteterweise direkt nach dem Dankgebet von seinen familiären Problemen und seinem Wunsch nach Hilfe erzählte.

› Einige Mitarbeiter treffen sich in Gruppen, um auf völlig freiwilliger Basis die Bibel zu studieren und zusammen zu beten. Zu diesem Zweck stellen wir Räumlichkeiten zur Verfügung, und gelegentlich erhalten wir Rückmeldungen, wie wertvoll diese Zeiten der Gemeinschaft sind. Auf diejenigen, die nicht teilnehmen wollen, wird keinerlei Druck ausgeübt.

Es erfüllt mich immer wieder mit Dankbarkeit, dass es Menschen gibt, die nicht in Verbindung mit unserem Unternehmen stehen, aber dennoch regelmässig für uns beten. Einer dieser Beter, ein älterer Mann namens Endel, lebt in Estland. Zehn Jahre lang hielt man ihn im sowjetischen Gulag gefangen, doch in dieser verzweifelten Lebenssituation kam er zum Glauben an Jesus Christus. Diese Erfahrung hat sein Leben verändert, und seitdem steht er jeden Morgen früh auf, um mehrere Stunden im Gebet zu verbringen. Vor ein paar Jahren begegneten wir einander, und als Endel von unserem Betrieb erfuhr, sagte er uns, dass er uns in seine Gebete einschliessen möchte. Sicher hat diese selbstlose Verpflichtung zu dem Segen beigetragen, den wir Tag für Tag erfahren dürfen.

Den Glauben ernst nehmen

Die Sendung von ABC News über unser Unternehmen berichtete auch über die vielfältigen Bemühungen von Menschen im ganzen Land, die ihr geistliches Leben in die Arbeit einbringen. Peggy Wehmeyer und ihr Team besuchten Gruppen von Männern und Frauen aus der Geschäftswelt, die sich in verschiedenen Städten zum Bibelstudium und Gebet treffen. Sie suchten auch eine jüdische Gruppe von Geschäftsleuten an der Wall Street auf, die sich wöchentlich zum Lesen der Torah und zum Gebet versammelt. Sie berichteten von der Wirksamkeit dieser Gruppen, einschliesslich des *Christian Business Men's Committee* (Vereinigung christlicher Geschäftsleute) und der *Fellowship of Companies for Christ* (Gemeinschaft der Unternehmen für Christus). Tausende treffen sich regelmässig in diesen und anderen Organisationen, um über die Beziehung ihres Glaubens zur Arbeit zu sprechen und gemeinsam zu beten.

Ich kenne Netzwerke von leitenden Geschäftsleuten – unter ihnen befinden sich einige Geschäftsführer von Amerikas grössten Unternehmen –, die ihren Glauben ernst nehmen. Auch ich gehöre einer Gruppe an, die sich regelmässig trifft, telefonischen Kontakt hält und füreinander betet.

Ähnliches gibt es auch auf internationaler Ebene. Das *Full Gospel Business Men's Committee* (Geschäftsleute des vollen Evangeliums) hat Ortsgruppen in jedem Winkel der Welt, und die in Schweden ansässige *International Christian Chamber of Commerce* (Internationale christliche Handelskammer) führt Seminare durch und sponsert Veranstaltungen für christliche Geschäftsleute in der ganzen Welt.

Wie Peter Jennings bei der Einleitung zum Bericht über unser Unternehmen sagte, gibt es eine «steigende Zahl von Führungskräften in Amerika, die ihren persönlichen Glauben in ihr Unternehmen einfliessen lassen».

Ich bin überzeugt, dass diese Tendenz eng mit dem Gebet in Verbindung steht, dem Gebet von Menschen, die den aufrichtigen Wunsch haben, Geschäft, Handel, Beruf – jeden Aspekt unseres Arbeitslebens – auf Gott und seine ewigen Absichten auszurichten.

20

Die Vision eines Unternehmens

«Hat Ihr Unternehmen eine bestimmte Ausrichtung?»

«Gibt es bestimmte Grundwerte, die vom ganzen Personal eingehalten werden?»

«Werden diese Werte so kommuniziert, dass sie im ganzen Unternehmen übernommen werden?»

Vor einigen Jahren wurde unsere Geschäftsleitung mit diesen Fragen konfrontiert, als wir uns mit einem unserer externen Vorstandsmitglieder trafen. Nachdem wir über jede einzelne Frage nachgedacht hatten, wurde uns bewusst, dass wir wieder einmal vor einer Herausforderung standen. Unsere schriftlich festgehaltenen Leitlinien waren bruchstückhaft und umständlich. Doch dieser Kollege brachte uns dazu, uns hier an die Arbeit zu machen. Heute sind wir für seinen Ansporn dankbar, aber damals entpuppte sich diese Aufgabe als viel grösser, als wir erwartet hatten.

Zu jener Zeit erkannten wir, dass es nicht genug ist, wenn einige Hauptverantwortliche vage Vorstellungen über die Richtung des Unternehmens haben. Die Visionen und Werte eines Unternehmens müssen durchdacht, aufgeschrieben und dann im Arbeitsalltag in die Praxis umgesetzt werden. In diesem Kapitel geht es deshalb um die Vision eines Unternehmens.

Zwei beispielhafte Visionen

Mit Vision ist das Gesamtbild gemeint, das das Ziel eines Unternehmens beschreibt. Im Anschluss erinnere ich an zwei Beispiele von zwei früheren Staatsoberhäuptern.

1960 stellte Präsident John F. Kennedy die Nation vor die folgende historische Herausforderung: «Ich glaube, dass sich unser Land das Ziel setzen sollte, einen Mann auf den Mond zu senden und ihn sicher zur Erde zurückzubringen, bevor dieses Jahrzehnt vorüber ist.»

Ein Computerfachmann des Apollo-Raumfahrtprogramms beschreibt die Wirkung, die dieses klar umrissene und anspruchsvolle Ziel auf seine Kollegen hatte:

«Nie zuvor habe ich ein Team mit einer solchen Konzentration und Leidenschaft arbeiten sehen wie diese Leute, die es als ihren persönlichen Auftrag betrachteten, Astronauten auf den Mond zu bringen. Unzählige Stunden arbeiteten sie unter enormem Druck und liebten ihre Arbeit. Sie hatten etwas, das ihrem Leben zusätzlich Bedeutung und Wert verlieh. Sie gaben zweihundert Prozent, um ihre Aufgabe zu erfüllen» (Charles Garfield, *Peak Performers).*

Später war es Präsident Ronald Reagan, der eine klar festgelegte Vision formulierte. Als er 1987 vor dem Brandenburger Tor und der Berliner Mauer stand, erklärte er: «Diese Mauer wird fallen. Der Glaube wird zur Realität. Ihr Menschen in Europa, diese Mauer wird fallen. Denn sie kann dem Glauben nicht standhalten; sie kann der Wahrheit nicht standhalten. Diese Mauer kann sich der Freiheit nicht widersetzen.»

Dabei spielt es keine Rolle, dass diese Aussage durch ein Graffiti an der Mauer inspiriert wurde. Präsident Reagan verlieh ihr Leben für ein Volk, das sich nach Veränderung sehnte, ungeachtet der notwendigen persönlichen Opfer.

Weniger als zwei Jahre später fiel die Mauer. Kurz darauf endeten siebzig Jahre totalitärer kommunistischer Herrschaft (Peter Hannaford und Charles D. Hobbs, *Remembering Reagan).*

Wahre Führung

Ich glaube, dass die Bibel uns in der Geschäftswelt helfen kann, eine klare Vorstellung von Führung zu entwickeln. Tatsächlich kann man die Bibel als «das Buch der Vision» betrachten. Sie beschreibt, wie ein heiliger Gott dem Menschen die Realität vor Augen führt mit dem Ziel, uns aus unseren

Umständen herauszurufen, damit wir nach seiner Bestimmung leben. Oder um es mit den Worten von T. S. Eliot zu sagen, sie handelt von «den ewigen Dingen», die dauerhaft, edel und voller Hoffnung sind.

Sprüche 29,18 besagt: «Wenn keine Offenbarung (wörtl.: keine Vision) da ist, verwildert ein Volk; aber wohl ihm, wenn es das Gesetz beachtet!» Ist das nicht eine anschauliche Beschreibung des Problems, das so viele Menschen und Organisationen, ja selbst Staaten, heutzutage haben? Mir erscheint es wie das Bild eines Schiffes mit zerbrochenem Ruder – ohne Kompass treibt es in dichtem Nebel dahin! Doch wenn wir das Ruder reparieren und uns einen Kompass zulegen, dann finden wir die Antwort auf Winston Churchills bohrende Frage: «Woher kommt es, dass das Schiff die Wellen schlägt, wo sie doch so viele sind und das Schiff alleine ist?» Die Antwort: «Der Grund ist, dass das Schiff ein Ziel verfolgt.»

Biblische Vision: Ein Gespür für das Ziel

Die Bibel beschreibt viele Menschen, auf welche die göttlichen Offenbarungen grossen Einfluss hatten und die dadurch geleitet wurden ... aber auch andere, die unter dem Ausbleiben solcher Offenbarungen sehr litten. Hierzu einige Beispiele:

› Abraham wurde von Gott aus einer blühenden Stadt berufen und von ihm in ein verheissenes, aber zu jener Zeit noch trostloses Land geführt, wo er der Vater eines neuen Volkes werden sollte. «Und ich werde deine Nachkommen zahlreich machen wie die Sterne des Himmels» (1. Mose 26,4).
› Während Nehemia im Exil dem persischen König diente und hörte, dass sein geliebtes Jerusalem in Trümmern lag, hatte er die Vision vom Wiederaufbau der Stadt. Anschliessend beteiligte er sich an der Umsetzung seiner Vision. «Wenn es dem König gefällt ... so wollest du mich nach Juda senden zu der Stadt ... damit ich sie wieder aufbaue!» (Neh. 2,5).
› Der Prophet Habakuk bekam die grossartige Offenbarung, dass die Erde eines Tages mit der Herrlichkeit des Herrn er-

füllt sein würde. Um die Offenbarung nicht zu verlieren, sagte Gott ihm ausdrücklich: «Schreib das Gesicht auf ... damit man es geläufig lesen kann» (Hab. 2,2).

› Und denken wir an den Herrn. Während die Welt seine Kreuzigung für die endgültige Niederlage hielt, sah Jesus in ihr den alles überragenden Sieg über den Teufel – und das ewige Leben im Reich Gottes für alle, die an ihn glauben würden. Der Hebräerbrief sagt, dass er «um der vor ihm liegenden Freude willen ... das Kreuz erduldete» (Hebr. 12,2). Er hatte die Vision, dass sein Leiden den Sieg bringen würde.
› Die Schrift deutet an, dass die meisten Menschen die Ereignisse am Ende dieses Zeitalters als unzusammenhängend betrachten und nicht richtig einordnen können. Aber der Apostel Paulus teilt uns mit, dass Gott einen festen Plan hat, um «alles zusammenzufassen in dem Christus, das, was in den Himmeln, und das, was auf der Erde ist – in ihm» (Eph. 1,10).

Diese Beispiele sollten uns an die Bedeutung einer Vision erinnern und uns ermutigen, dass der gleiche Gott auch uns führen kann.

Ohne Vision ...

Leider gibt es in der Schrift auch viele Berichte von Menschen, die mit der Vision, die ihnen gegeben wurde, nichts angefangen haben. Drei Beispiele unterstreichen das:

› Esau war sein Appetit wichtiger als sein Schicksal, deshalb verkaufte er Jakob, seinem jüngeren Bruder, sein Erstgeburtsrecht für ein Linsengericht. Obwohl er bat, sein Erbe zurückzuerhalten, hatte seine Spontaneität unwiderrufliche Folgen. (Es ist äusserst wichtig, dass unser geschäftlicher Erfolg niemals auf Kosten eines erfüllten Lebens mit Gott geht.)
› König Saul, Israels erster König, verlor schnell die Vision für das Volk, das er führte. Von Angst und Verwirrung getrieben, wurde er von dem Gedanken besessen, den jungen

David zu töten, der ihm dennoch treu blieb, obwohl er von Gott als Thronfolger ernannt wurde.

- Judas Iskariot, einer der zwölf Jünger, begriff nicht, dass die Person, mit der er drei Jahre zusammenlebte und von der er lernte, der Sohn Gottes war. Am Ende verriet und überlieferte Judas Jesus an seine Feinde für armselige dreissig Silberlinge.

Alle diese Männer besassen eine kurzsichtige, egoistische Perspektive. Tragischerweise hatte keiner von ihnen ein Auge für Gottes ewige Absichten.

Anwendung im Geschäftsleben

Die richtige Vision kann jedes Projekt mobilisieren – auch unsere Unternehmen. Während des Prozesses, der durch unser Vorstandsmitglied in Gang gebracht wurde, begannen wir Hauptverantwortlichen, unsere Unternehmensvision neu zu definieren. Nach einiger Zeit hatten wir folgende Aussage entwickelt:

Unsere Vision ist es, einen Zusammenschluss von aussergewöhnlichen Unternehmen aufzubauen, von denen jedes Einzelne seinen Kunden auf unverkennbare Weise dient und biblische Werte in die Praxis umsetzt.

Dieses Ziel sorgt für Kontinuität und gemeinsame Ziele von unseren mehr als fünfhundert Arbeitnehmern in drei verschiedenen, aber zusammenhängenden Unternehmen. Die Schlüsselworte sind *aussergewöhnlich, aufbauen, Kunden, dienen* und *biblische Werte.* Mit ihnen als Grundlage untermauern wir die wichtigsten Ideen, die uns helfen, uns in die gleiche Richtung zu bewegen.

Warum die Bibel?

Einige Personen mögen unsere direkte Erwähnung von *biblischen Werten* in Frage stellen, und viele halten sie für nicht angebracht. In unserem Privatunternehmen glauben wir, dass diese Betonung uns hilft, die Grenzen abzustecken, innerhalb derer wir handeln wollen. Wie wir unseren Arbeitnehmern jeweils erklären, wird jedes Unternehmen von irgendwelchen Anschauungen und Philosophien geleitet, auch wenn diese nicht klar formuliert sind. Unser Management hat sich für biblische Lehren und Grundsätze entschieden.

Die Arbeitnehmer sind nicht gezwungen, ihnen zuzustimmen, obschon fast alle unseren Umgang mit Menschen und Finanzen und unsere Geschäftspolitik als förderlich und positiv ansehen. Wir achten die Glaubenseinstellung unserer Arbeitnehmer, indem wir sicherstellen, dass ihre religiösen Überzeugungen keinen Einfluss auf Einsatz- und Karrierechancen in unseren Unternehmen haben. Vielmehr versuchen wir, jedem mit gleicher Wertschätzung und gleichem Respekt zu begegnen.

Wir sprechen von Vision und Werten, obwohl die Begriffe an sich nicht wichtig sind. Andere sprechen von Mission, Zielen, Plänen oder anderen Dingen. Entscheidend hingegen für die Geschäftsführung ist, die Zielsetzung des Unternehmens gut durchzudenken, individuell anzupassen, zu formulieren und an alle zu vermitteln, die im Alltag mit ihnen zu tun haben.

Hier einige Hilfen zur Formulierung von Richtlinien. Sie müssen:

› kurz formuliert sein
› schriftlich festgehalten und für jedermann zugänglich sein
› den Handlungsbereich festlegen
› leicht verständlich und gut einprägbar sein
› motivieren und das Engagement fördern
› geändert werden können, aber nur nach gründlicher Überprüfung
› mit den Grundsätzen und Werten der Schrift übereinstimmen; sie dürfen nicht im Widerspruch zu ihnen stehen.

Eine klare Vision unterliegt der Verantwortung der Geschäftsführung. Sie bildet die Grundlage für die Richtung eines Unternehmens und hilft, den Charakter der Firma zu formen. Diese Wertegrundlage bildet den Schwerpunkt des nächsten Kapitels.

21

Die Werte eines Unternehmens

Die Ausrichtung eines Unternehmens ist nicht nur durch eine klare Vision definiert, sondern ebenso durch eine Reihe von Grundwerten. Wenn sie gut durchdacht und wirkungsvoll vermittelt werden, sind solche Werte ein kraftvolles Instrument, um die Energien eines Unternehmens zu bündeln. Sie werden zu dem Leuchtturm, der das Firmenschiff dazu bringt, die Vision auch umzusetzen.

Die wichtigste Frage für jeden Geschäftsmann ist: «Welche Werte?» Viele Menschen suchen nach Antworten. Da sie bemerken, dass unsere Gesellschaft ihre moralischen und ethischen Grundlagen verliert, haben reiche Personen einen grossen Teil ihres Vermögens Hochschulen und Universitäten zukommen lassen, damit sie Antworten auf diese Frage finden und veröffentlichen.

Werte von Akademikern

Als Folge der Sendung von ABC wurde ich von der Harvard Universität zu einem Symposium zum Thema «Werte» eingeladen. Es sollte untersucht werden, in welcher Weise Werte in privaten und öffentlichen Institutionen, einschliesslich der Regierung, eine Rolle spielen. An jenem Tag kamen etwa dreissig Leute zusammen, unter anderem Fakultätsmitglieder aus Harvards Fachbereichen für Wirtschaft, Justiz und Theologie, sowie Führungskräfte der Industrie, der Medien und der Geisteswissenschaften.

Auch Peter Jennings war eingeladen, was uns beiden die Gelegenheit bot, über seine Einleitung zur Sendung über unser Unternehmen zu sprechen: «Dort wird die Bibel als Leitfaden fürs Geschäftsleben verwendet.» Er bestätigte noch einmal, welch gute Resonanz dieser Beitrag beim Publikum hatte, und erzählte von seiner Beobachtung, dass es in der Gesellschaft ein grosses Bedürfnis nach geistlichen Themen gibt, das von den Medien jedoch grösstenteils ignoriert wird.

Am Anfang der Sitzung wurden wir aufgefordert, unsere wichtigsten Werte der Priorität nach aufzuschreiben. Ich hätte wohl nicht allzu schockiert sein sollen, aber ich war es trotzdem. Eine Professorin des theologischen Bereichs gab als ihre zweithöchste Priorität die Wichtigkeit an, eine treue Ehepartnerin zu sein – was meine Meinung über die Werte dieser Fachrichtung anhob. Meine Begeisterung war jedoch nur von kurzer Dauer. Gleich darauf erklärte sie nämlich, was sie mit «treue Ehepartnerin» meinte: Sie lebe nun seit 18 Jahren mit der gleichen lesbischen Partnerin zusammen. Am Ende dieses Tages waren wir einem gemeinsamen Konsens darüber, welche Werte wirklich wichtig sind, kein bisschen näher gekommen.

Ein Werteverfall?

Harvard ist kein Einzelfall für die radikale Abkehr von Werten, die in unserem Land in der Vergangenheit hochgehalten wurden. Vor einigen Jahren besuchte ich beispielsweise einen Kurs für Führungskräfte an der Stanford Universität. Der Lehrgang beinhaltete einen Vortrag über Ethik, der von einem führenden Fakultätsmitglied gehalten wurde.

Nach guter akademischer Tradition gab es anschliessend Raum für Fragen und Kommentare. Ich leitete meine Frage mit einer Feststellung ein: «Wenn wir den Niedergang der moralischen Werte in unserem Land beobachten ...»

Soweit kam ich, bis ich vom Professor unterbrochen wurde: «Was meinen Sie mit Niedergang?»

Ich begann, die Indikatoren aufzuführen, die meiner Meinung nach klar auf einen moralischen Niedergang hinwiesen: wachsende Kriminalität, steigende Scheidungsraten, zunehmende Pornografie. Aber auch dieses Mal kam ich nicht weiter.

«Hören Sie», sagte er, sichtlich aus der Fassung gebracht, «ich würde doch zu gerne wissen, ob dem allgemein zugestimmt wird. Wie viele von Ihnen widersprechen der Aussage dieses Gentlemans, es gebe einen Werteverfall?»

Nun, hier handelte es sich nicht um eine Versammlung von radikalen Studenten. Die einhundertundzwanzig Geschäftsleute, hauptsächlich von der Westküste, führten mittlere bis grosse Unternehmen. Ich war deshalb wie vor den Kopf gestossen, als etwa achtzig Prozent der Anwesenden ihre Hände hoben.

«Da haben Sie es!», verkündete er stolz. «Das beweist, dass die Dinge nicht schlechter werden. Ich glaube, die Menschen heute reden nur offener über das, was sowieso geschieht.»

Trotz dieser ernüchternden Erfahrung freute es mich, als im Anschluss daran einige von der kleineren Gruppe zu mir kamen und mir ihre Beobachtungen und Befürchtungen mitteilten. Ein Geschäftsmann aus der Schweiz meinte: «John, ich weiche nur in einem Punkt von Ihrer Meinung ab: Es ist nicht nur Amerika, das einen Werteverfall erlebt. Es ist die ganze westliche Welt.»

Grundwerte im Geschäftsleben

Diese Erfahrungen steigerten meinen Eifer, eine Reihe von «Grundwerten» in unserem Unternehmen zu formulieren und zu vermitteln. Mir war klar, dass diese Werte ihre Wurzeln in der Bibel haben mussten, sollten sie die dauerhafte Qualität aufbringen, um sich von der moralischen und ethischen Ambivalenz unserer heutigen Gesellschaft zu unterscheiden. Gleichzeitig mussten sie einfach, gut verständlich und leicht einprägbar sein – etwas, worauf wir bei unseren Aus- und Weiterbildungsmassnahmen aufbauen konnten. Wir haben uns für die drei folgenden Grundwerte entschieden: *Integrität, herausragende Qualität und tiefen Respekt für den einzelnen Menschen.*

Der dritte Hauptwert ist so entscheidend, dass ich ihm das zwölfte Kapitel, «Unendlich wertvoll», widmete. Der Hauptgedanke ist, dass Gott dem einzelnen Menschen unendlichen Wert beimisst, weshalb jeder auch unseren tiefen Respekt verdient. Lassen Sie uns nun die ersten beiden Grundwerte untersuchen, besonders im Hinblick auf ihre biblischen Wurzeln.

Integrität

Laut Definition bedeutet *Integrität* das Festhalten an bestimmten Werten. Alles, was gesund und intakt ist, besitzt Integrität. Dies kann eine Brückenkonstruktion, eine Lebenseinstellung oder eine Person sein. Im Gegensatz dazu steht alles, was brüchig und hinfällig ist. Im biblischen Gebrauch beinhaltet der Begriff Ehrlichkeit, Anständigkeit, Rechtschaffenheit, Untadeligkeit, Ganzheit.

Psalm 15 beschreibt den integeren Menschen. Die vorherrschenden Charaktermerkmale einer solchen Person sind: rechtschaffene Lebensführung, gerechtes Handeln und Wahrheitsliebe – «Auch wenn er sich zum Schaden geschworen hat, hält er es dennoch» (Vers 4). Dabei stelle ich mir jemanden vor, der den Verkauf eines Grundbesitzes für eine bestimmte Summe per Handschlag besiegelt hat. Am nächsten Tag bietet eine andere Person mehr Geld. Der integere Mensch kommt seiner ersten Verpflichtung nach, obwohl der zweite Handel gewinnbringender wäre.

Meiner Erfahrung nach steht die Integrität eines Geschäftsmannes regelmässig auf dem Prüfstand. Zu einem frühen Zeitpunkt meiner beruflichen Laufbahn standen wir durch einen japanischen Kunden vor dieser Herausforderung. Der Einkäufer dieses Unternehmens bat uns um eine «Provision» für ihn persönlich, die wir ihm für die an seine Firma verkauften Produkte bezahlen sollten. Für uns war das ganz klar ein Bestechungsversuch, auch wenn wir später erfuhren, dass diese Praktik in Asien nicht unüblich ist. Wir beschlossen, uns an unsere ethischen Massstäbe zu halten, und lehnten die Bezahlung der «Provision» im vollen Bewusstsein ab, dass dieser Entscheid uns ein dringend nötiges Geschäft kosten könnte. Glücklicherweise war das nicht der Fall. Die Reaktion des Einkäufers auf unsere Ablehnung war lediglich: «Gut. Ich wollte nur nachfragen!»

Stellen Sie sich vor, wie ein erhöhtes Mass an Integrität das schwer angeschlagene Image unserer modernen Geschäftswelt verändern könnte! Die Übereinkunft per Handschlag könnte eine Renaissance erleben und umständliche Rechtsverträge ersetzen. In den Nachrichten wäre nicht mehr von Geschäftsskandalen und Korruption die Rede, so wie erst neulich, als gegen führende Geschäftsleute Gefängnisstrafen verhängt und die Grundlagen von einigen der weltgrössten und renommiertesten Unternehmen erschüttert wurden. Absolute Werte würden zurückkehren und den moralischen Relativismus ersetzen, der in unserem Denken und Handeln so viel Verwirrung stiftet. Auch Arbeitnehmer kämen nicht in die Verlegenheit, überlegen zu müssen, wann sie lügen sollten und wann nicht!

Herausragende Qualität

Wie Integrität ist *herausragende Qualität* ein in der Bibel verwurzelter Begriff.

In einem kleinen Seminar, das wir mit etwa sechzig Managern unserer Unternehmen durchführten, gab ich ihnen den Auftrag, herauszufinden, wo sich im ersten Kapitel der Bibel herausragende Qualität bemerkbar macht. Jeder in der Gruppe fand heraus, dass Gott sieben verschiedene Aspekte seines Schaffens anschaute – und sah, wie gut sie waren. Am letzten Tag sah Gott alles an, was er geschaffen hatte, und bezeugte, dass es sehr gut war. Es war ausgezeichnet!

Das ist wichtig: *Alles, was Gott geschaffen hat, ist ausgezeichnet!*

Während das erste Buch Mose einen ersten Einblick in das Wesen Gottes gewährt, eröffnet der Rest der Bibel einen unbeschreiblich wunderbaren und ehrfurchtgebietenden Gott. Sein Wohnort liegt ausserhalb unserer Vorstellungskraft – ein Ort, der absolut rein ist, frei von jeder Verunreinigung und Sünde, vollkommen geordnet und unbeschreiblich schön.

Das Entscheidende ist, dass diese herausragende Qualität, die für Gottes Wesen und seinen Wohnort so bezeichnend ist, in unserem Leben sichtbar werden soll. Das ist genau das, was Jesus meinte, als er den Jüngern das Gebet lehrte: «Dein Reich komme; dein Wille geschehe, wie im Himmel so auch *auf Erden!»* (Matth. 6,10).

Wann immer etwas das Kennzeichen des Reiches Gottes trägt, wird es ausgezeichnet sein. Wir werden es niemals schaffen, die Perfektion des himmlischen Bereiches vollständig zu verwirklichen, aber wenn wir uns auf den göttlichen Gesandten auf Erden, Jesus Christus, ausrichten, können wir diesem Ideal mit Sicherheit nacheifern. Der Apostel Paulus brachte diesen Gedanken zum Ausdruck, als er sagte: «Ob ihr nun esst oder trinkt *oder sonst etwas tut,* tut alles zur Ehre Gottes!» (1. Kor. 10,31). Das ist ein Aufruf zu herausragender Qualität.

Der talentierte Schauspieler Michael J. Fox macht eine wichtige Unterscheidung: «Ich gebe Acht, dass ich herausragende Qualität nicht mit Perfektion vertausche. Ich kann eine hohe Qualität anstreben, aber Perfektion ist Gottes Sache.»

Eine unserer Möglichkeiten, das Konzept von ausgezeichneter Qualität voranzutreiben, ist die «ständige Verbesserung» von allem, was wir in unserem Unternehmen tun. Es ist das Gegenteil von: «Wenn es gut läuft, dann lassen wir es so.» Der Weg der ständigen Verbesserung lautet: «Auch wenn es gut läuft, suche nach einer Möglichkeit, es zu verbessern.»

Vor kurzem nahm unser Team, das für die Lackierung unserer Produkte zuständig ist, diese Herausforderung an, nachdem es die Arbeit nahezu vierzig Jahre auf die gleiche Weise verrichtet hatte. In Zusammenarbeit mit unseren Ingenieuren entwickelten sie ein System, das die Produktivität um vierzig Prozent steigerte. Und nun sind sie dabei, die Qualität der Lackierung zu verbessern und gleichzeitig die Schadstoff-Emission zu reduzieren. Haben sie dieses Ziel erreicht – so sind wir überzeugt –, werden sie wieder neue Ideen haben und versuchen, sie umzusetzen.

Herausragende Qualität. Letzten Endes wird sie nicht durch ein Produkt oder einen Arbeitsprozess, sondern durch eine Person definiert.

Jesus, der Zimmermann

Haben Sie jemals über die Art und Weise nachgedacht, in der Jesus seine berufliche Laufbahn begann? Er war ein kleiner Geschäftsmann, ein Zimmermann. Für einen Augenblick wollen wir ihn so betrachten, nicht als religiösen Führer. Ich habe eine grosse Kohlezeichnung von Jesus, dem Zimmermann, über dem alten Schreibtisch in meinem Büro. In seiner rauen, kräftigen Hand hält er einen einfachen Hobel, sein prüfender Blick ist auf seine Arbeit gerichtet. Wenn ich mir die Zeichnung anschaue, denke ich über die aussergewöhnliche Qualität seiner Handwerkskunst nach – sogar mit den eher primitiven Werkzeugen seiner Zeit.

Manchmal stelle ich mir vor, wie er dem Schränkchen einer älteren Witwe den letzten Schliff gibt. Die Witwe lebt weiter unten in der Strasse, wo er sein bescheidenes Geschäft hat. An diesem Nachmittag wird er ihr das Schränkchen vorbeibringen. Sie lädt ihn in ihr Haus ein; sie unterhalten sich und sie ist erstaunt über sein umfangreiches Wissen und seine guten Manieren. «Das ist kein gewöhnlicher Zimmermann!», denkt sie, als er wieder gegangen ist.

Sie geht zu ihrem Schränkchen hinüber. Sie kommt zu dem Schluss, dass es sehr preiswert ist, besonders für ein solch hervorragendes Stück. Obwohl ihre Augen nicht mehr die besten sind, untersucht sie es genau und lässt ihre Hand darüber gleiten. Es kommt der Perfektion so nahe wie kein anderes Stück in ihrem Besitz. Die Fugen, die Form, die Verarbeitung – alles ist vorzüglich. Sie kann es kaum abwarten, es ihren Nachbarn zu zeigen. Sie denkt: «Die Arbeit dieses Zimmermannes, meines Nachbarn, ist wirklich ausgezeichnet.»

Jesus repräsentiert herausragende Qualität – seine Handwerkskunst hier auf Erden widerspiegelt lediglich seinen ewig tadellosen Charakter, sein Wesen, sein Leben und seinen Auftrag.

Teil 4:

Alles unter Dach und Fach

22

Geliebter Montag

In wenigen Minuten wird Ihr Flugzeug landen, zum Terminal rollen, und Sie haben das Buch durchgearbeitet.

Sie werden sich vielleicht gefragt haben, weshalb ich den Titel *Geliebter Montag!* gewählt habe. Lassen Sie mich Ihnen die dazugehörige Geschichte erzählen.

Als ich das Manuskript zu diesem Buch fast fertiggestellt hatte, besuchten mein Lektor, Dick Leggatt, und ich die Verlagshäuser. Auf einer jener Reisen, nach einem randvollen Tagesprogramm, wollten wir gerade an Bord unseres Flugzeugs zurück nach Cleveland gehen. Es war Freitagnachmittag und die Maschine völlig ausgebucht – vorwiegend mit müden Geschäftsreisenden.

«Moment mal!», rief eine der Stewardessen aus dem Flugzeug heraus. «Warum tragen Sie beide noch Ihre Krawatten? Glauben Sie etwa, das ... ist ein Delta-Flug?»

Dick und ich grinsten, zogen an unseren Krawatten und erwiderten lachend: «Nein, natürlich nicht! Wir wollen übers Wochenende nach Hause.»

Nachdem wir erst einmal auf unseren Sitzen Platz genommen hatten und uns bereits in der Luft befanden, verwickelten die Stewardessen die Passagiere in leichte Unterhaltungen. Jeder spielte mit und jeder genoss es. Die Crew hatte offensichtlich Freude an ihrer Arbeit. Sie brachten gleichzeitig hohe qualitative Dienstleistungen, aber auch Unbeschwertheit in das Ende der Arbeitswoche von diesen 120 Geschäftsreisenden.

Unterwegs unterhielten Dick und ich uns über Buchtitel. Wir hatten schon nahezu hundert Möglichkeiten in Betracht gezogen, ohne den richtigen gefunden zu haben. «Dick», sagte ich, «ich glaube, das ist der schwierigste Teil dieses Projekts!»

«Brr, alter Schimmel!», befahl eine Stewardess, als das Flugzeug den Boden berührte. Lachen schallte durch die Gänge.

«Der Flug war wirklich unterhaltsam», bemerkte Dick, als das Flugzeug anhielt.

Der nächste Tag war ein Samstag. Eigentlich wollte ich ausschlafen, was mir jedoch nicht gelang. Meine Gedanken kreisten wieder um den fehlenden Titel. Mir kam eine Idee, dann eine zweite und schliesslich noch eine. Dann *hatte* ich ihn. *Geliebter Montag!,* dachte ich. «Das ist es! Die Stewardessen auf dem Heimflug hatten richtig Spass an ihrer Arbeit. Falls sie nur für den Freitag leben, dann haben sie es jedenfalls gut versteckt. Ich wette, sie lieben den Montag ebenso wie ich!»

Damit war der Buchtitel geboren. Als ich Bekannte fragte, was sie davon hielten, waren sie begeistert. Aber mehr noch als den Titel mochten sie die Idee, die dahinter steckte. «Ich höre so viele Leute über den Montag schimpfen», war ein typischer Kommentar. Dann fügten sie hinzu: «Aber mir geht es anders. Ich liebe Montage. Schon immer.»

In unserer westlichen Kultur ist der ganze Gedanke von Arbeit weit von seinem Ursprung abgerückt. Wie bei vielen Abweichungen von der biblischen Norm assoziieren wir mit Arbeit Plackerei und Sinnlosigkeit, nicht Würde und Erfüllung. Gott hatte der Arbeit jedoch eine hohe Stellung zugedacht. Gleich der erste Vers der Bibel beschreibt Gott bei der Arbeit, wie er Himmel und Erde erschuf und später seine ganze Schöpfung aufrechterhielt. Aber Gott wusste auch, wie wichtig das Ausruhen ist: «Und Gott vollendete am siebten Tag sein Werk, das er gemacht hatte; und er ruhte» (1. Mose 2,2). Da wir im Bilde Gottes geschaffen sind, erscheint es fast so, als hätte Gott die Menschen zum Arbeiten und zum anschliessenden Ausruhen gemacht. Es ist wie ein Rhythmus, der in das menschliche Leben eingebaut ist. Beides ist wichtig, ja sogar unabdingbar.

Mich erinnert dieser Zyklus an George, einen guten Arbeiter, der direkt nach dem Zweiten Weltkrieg in unserem Unternehmen anfing. Als Matrose der US-Navy hatte er die Schrecken des Krieges im Pazifik erlebt. Irgendwie hatte er die gelernte Disziplin mit in seine Arbeit als Monteur von Ölbrennern genommen. Es ist schon bemerkenswert, dass George nicht einen einzigen Tag bei der Arbeit gefehlt hatte, als er nach nahezu dreissig Jahren in den Ruhestand trat. Natürlich hatte auch er mit kleineren Krankheiten zu tun und musste gelegentlich gegen schlechtes Wetter ankämpfen, um zur Arbeit zu kommen. Aber er war immer da. George war immer da, fast immer gesund.

Aber dann, nach seinem Ausscheiden aus dem Berufsleben, hörte er auf zu arbeiten. Zunächst stand er um fünf Uhr auf, so wie er es gewohnt war. Bald schon begann er auszuschlafen. George langweilte sich. Nach ein paar Monaten begannen Krankheiten, ihn zu schwächen. Mit der Zeit wurde er mutlos. Er verlor den Sinn im Leben. Der wichtigste Bestandteil seines Lebens war verschwunden. Leider verstarb George nach ein paar Jahren und konnte seinen Ruhestand, auf den er sich so lange gefreut hatte, nicht voll auskosten. Für ihn war seine Arbeit zu einem lebenswichtigen Element geworden, was allerdings weder er selbst noch eine andere Person bemerkt hatte.

Zusammenfassung

Eine der Absichten dieses Buches ist es, in Ihnen neuen Eifer für Ihre Arbeit zu entfachen – sowohl jetzt als auch in den kommenden Jahren. Abschliessend möchte ich noch einmal einige Grundkonzepte auflisten, die wahrhaft lohnenswerter Arbeit zugrunde liegen.

› Arbeit ist eine hohe Berufung, deren Wert nicht von untergeordneter Bedeutung ist.
› Die Arbeit erhält zusätzliche Würde, wenn wir jeder Person an unserem Arbeitsplatz mit tiefem Respekt begegnen und wir auf herausragende Qualität und Integrität bedacht sind.
› Wir sollten uns bemühen, nicht über unsere Begabungen hinauszugehen.

- Es ist entscheidend, dass unser geschäftlicher Erfolg niemals auf Kosten eines erfüllten Lebens mit Gott geht – es gibt wichtigeres als die Geschäftsbilanz. Die in der Bibel verwurzelten Normen und Werte können hierfür als Kompass dienen, auf stürmischen und trügerischen Meeren.
- Sinn in unserer Arbeit finden wir auch, wenn wir nach Möglichkeiten Ausschau halten, wie wir andere in ihrer Arbeit unterstützen können, und wenn wir bestrebt sind, verantwortliche Verwalter der uns anvertrauten Ressourcen zu sein.
- Wir werden viel eher Freude bei der Arbeit haben, wenn wir die richtigen Prioritäten setzen, d. h. wenn wir Gott und unserer Familie den gebührenden Platz einräumen.
- Wir werden selbst in den schwierigsten Arbeitssituationen Frieden haben, wenn wir unsere Wege dem Herrn anbefehlen und uns Zeit zum Gebet nehmen.
- Am wichtigsten ist es wahrscheinlich, durch eine kühne und lebendige Vision neue Kraft für unsere Arbeit schöpfen zu können – eine Vision, die uns die richtigen Entscheidungen treffen lässt.

Und dennoch gibt es eine Dimension, die weit über die Leitlinien im Geschäftsleben hinausgeht, auch wenn diese noch so sorgfältig ausgearbeitet wurden. Ihr wenden wir uns nun zu.

23

Das oberste Ziel

Vision ... Mission ... Sinn ... Prinzipien ... Werte ... Ziele ... Strategien ...

Das sind hohe Ansprüche.

Eine wesentliche Absicht dieses Buches ist es, die Bedeutung eines biblischen Ansatzes im Geschäftsleben aufzuzeigen. Es soll klarmachen, wie wir praktische Einsichten, Antworten und Wegweisung finden können, wenn wir die unerschöpflichen Schätze der Bibel kennen und anwenden.

Doch selbst die klarste Darlegung biblischer Wahrheiten und die eifrigsten Bemühungen, diese Wahrheiten in unser Arbeitsleben zu integrieren, reichen für das letztendliche Ziel nicht aus. *Das oberste Ziel ist eine Beziehung.*

Manchmal helfen mir ganz alltägliche Dinge, wichtige Wahrheiten zu verstehen.

Ich jogge gern, renne aber nicht so wie Chamois, unser Golden Retriever. Wenn er mich morgens in meinen Turnschuhen sieht, wird er unruhig. Er ist gut trainiert und läuft ohne Leine. Er mag es, zwanzig oder dreissig Meter vor mir her zu laufen und kleine Abstecher zu machen, um hier und da zu schnüffeln.

Auffallend ist seine Art und Weise, wie er ständig zu seinem Herrchen zurückschaut. Er dreht nur kurz den Kopf, was aber ausreicht, um sein Tempo oder seine Richtung anzupassen.

Einmal benutzte der Herr dieses einfache Beispiel, um mich über meine Beziehung zu ihm nachdenken zu lassen. Eine Beziehung, in der ich stets in seiner Nähe bleibe und die ich häufig überprüfe, um nicht abzuirren.

In Kontakt bleiben

Die Botschaft des Evangeliums ist, dass Gott eine echte, lebendige und persönliche Beziehung zu uns haben möchte. Jesus drückt das mit dem Wort *bleiben* aus, im Sinne von eng miteinander zusammenleben. Dazu benutzt er das Bild vom Weinstock und den Reben, die eng miteinander verbunden sind: «Ich bin der Weinstock, ihr seid die Reben» (Joh. 15,5).

Diese Beziehung ist für alle Lebensbereiche massgebend, einschliesslich der Anwendung von biblischen Wahrheiten am Arbeitsplatz. Sie geht über alle Prinzipien hinaus, wie erhaben diese auch sein mögen. Ich betone das, weil in prinzipientreuer Literatur die fundamentale Bedeutung der Beziehung zu Gott oftmals zu kurz kommt.

Lassen Sie mich eine Analogie verwenden.

Ich habe eine wundervolle Beziehung zu meiner Frau Wendy. Wir kennen uns nun schon seit mehr als vierzig Jahren. Es ist geradezu unheimlich, wie gut wir einander verstehen, wie wir wissen, was der andere denkt, ohne ein Wort zu sagen. Unsere Liebesbeziehung hat uns durch die Herausforderungen getragen, sechs Kinder zu erziehen, den Tod von geliebten Menschen zu ertragen, schwere Krankheiten und Unfälle durchzustehen. Wir standen beim Aufbau der Firma zusammen und haben die Belastungen, Versuchungen, Missverständnisse und Widrigkeiten überwunden, die jedes Ehepaar durchlebt.

Aber gelang uns dies, weil wir sorgfältig vorbereitete Prinzipien befolgten? Natürlich nicht.

Eine Beziehung ist etwas Lebendiges – sie geht über das Einhalten von Prinzipien hinaus. Sie wächst, wenn man sich Zeit füreinander nimmt, wenn vertraute Gespräche geführt werden, wenn man Freuden und Leiden miteinander teilt und Schwierigkeiten gemeinsam ausräumt. Wenn eine Beziehung achtsam gepflegt wird, wächst sie und wird das Wichtigste im Leben.

Eine einzigartige Nähe

Was für eine vertraute Beziehung zwischen zwei Menschen gilt, ist in unserer Beziehung zu Gott sogar noch entscheidender. Es ist das oberste Ziel (und Vorrecht) im Leben, Gott persönlich kennen zu lernen. Dies erreichen wir, wenn wir Jesus unsere Sünden bekennen und ihn bitten, Herr über unser Leben zu sein.

Aus dieser Beziehung entspringt nicht nur die Wahrheit, sondern auch die Mittel und die Kraft, um diese Wahrheit richtig anzuwenden. Wenn wir Gott kennen, können wir uns jeden Tag in seiner Gegenwart aufhalten – in seinem Privatbüro –, um seine Sichtweise zu bekommen und seine Wege kennen zu lernen. Gott zu kennen bedeutet, dass unser Leben mit seinem Leben erfüllt wird.

Das Buch von Henry Blackaby, *Experiencing God* (Gott erfahren), hat mir geholfen, die einzigartige Beziehung zu verstehen, die jeder von uns mit Gott, dem Vater, durch Jesus Christus haben kann. Blackaby sagt, dass wir Gott erfahren, wenn wir dem Vorbild Jesu folgen.

Jesus sagte: «Mein Vater wirkt bis jetzt, und ich wirke» (Joh. 5,17). Blackaby zieht aus diesem Vers eine bemerkenswerte Erkenntnis: «Gott wirkt gegenwärtig überall um uns herum – in Situationen, Umständen, Schwierigkeiten. Er ist immer aktiv und hat allzeit seine vollendeten Absichten im Sinn.»

Jesus betrachtete es als seine Verantwortung, das Handeln seines Vaters zu beobachten und daran teilzuhaben. Er sagte: «Der Sohn kann nichts von sich selbst tun, ausser was er den Vater tun sieht; denn was der tut, das tut ebenso auch der Sohn. Denn der Vater hat den Sohn lieb und zeigt ihm alles, was er selbst tut» (Joh. 5,19).

Das ist das Vorbild für uns: Wir müssen begreifen, dass Gott die ganze Zeit um uns herum und in unserem Leben tätig ist und *wir an seinem Handeln teilhaben sollen!*

Der Schlüssel dazu ist eine enge und dauerhafte Beziehung. Es bedeutet mehr, als sonntags in die Gemeinde zu gehen und uns gleich darauf abzuwenden, um uns während der Woche «um unsere eigenen Dinge zu kümmern». Es ist etwas anderes, als morgens aufzuwachen, zwar die Bibel zu lesen und zu beten, dann aber den Tag aus unserer eigenen Kraft zu bewältigen. Es bedeutet, unsere Augen auf den Herrn zu richten, genau zu beobachten, wo und wie er tätig ist, und ihm anschliessend treu nachzufolgen.

Unser oberstes Ziel reicht weiter, als von Gott und seinen Grundsätzen lediglich zu wissen. Stattdessen ist es unser höchstes Ziel, ihn als unseren Schöpfer, Erlöser, Herrn und Freund kennen zu lernen. Es ist erstaunlich, dass Gott eine derartige Beziehung zu uns haben möchte! Es ist das wertvollste aller möglichen Geschenke.

Bud

Eines Tages begriff Bud, dass er eine persönliche Beziehung zum Herrn brauchte.

Bud war in den späten Sechzigern als Abteilungsleiter in unsere Firma gekommen. Nach einigen Jahren stieg er zum Produktionsleiter auf und wurde Mitglied unserer Geschäftsleitung. Er behielt diese Position bis zu seinem Ruhestand, nahezu zwanzig Jahre nach seiner Einstellung.

Als Ex-Matrose und Veteran des Zweiten Weltkriegs mit beträchtlicher Kampferfahrung im Pazifik, war Bud eine nüchterne Führungskraft, unter dessen rauer äusserer Schale sich ein weiches Herz befand. Nichtsdestotrotz liess sein eiserner Händedruck die anderen wissen, was Sache war.

Kurz vor der Pensionierung wurde Bud mit einer bronchialen Infektion ins Krankenhaus eingeliefert. Als ich ihn in seinem Krankenzimmer besuchte, bemerkte ich einen ängstlichen Ausdruck auf seinem Gesicht, der untypisch für ihn war. Seine selbstsichere «Hier habe noch immer ich das Sagen»-Haltung war verschwunden.

Ich hatte ihn kaum begrüsst, da verzog Bud vor Schmerzen schon das Gesicht und platzte dann heraus: «John, ich bin beunruhigt.»

«Warte nur», sagte ich, «ehe du dich versiehst, wird man diese Infektion unter Kontrolle haben. Mit den neuen Antibiotika ...»

Doch er unterbrach mich. «Nein», erklärte er, «das ist nicht meine Sorge. Hier im Spital bin ich zum Nachdenken gekommen, und ich bin mir nicht sicher, ob zwischen Gott und mir alles in Ordnung ist.»

«Bud», sagte ich, während ich mich auf seine unerwartete Bemerkung einstellte, «wir beide arbeiten jetzt schon eine lange Zeit zusammen. Du hast meine Kämpfe über die Jahre gesehen. Aber du hast mich auch sagen hören, dass mein Glaube mir durch diese Schwierigkeiten geholfen hat.»

«Ja, das habe ich beobachtet», warf Bud ein, während er gezwungen lächelte. «Ich gestehe es nicht gern ein, aber ich habe mich von Zeit zu Zeit über deinen Glauben lustig gemacht. Von meinen Glaubensüberzeugungen habe ich nicht viel geredet. Für mich war das eher eine private Angelegenheit.»

«Okay», sagte ich, «lass mich dir eine direkte Frage stellen. Möchtest du mehr Sicherheit in deinem Verhältnis zum Herrn bekommen?»

Bud, der nie ein Blatt vor den Mund nahm, war ebenso direkt in seiner Antwort: «Das möchte ich», sagte er, «wirklich gerne.»

So sprachen wir über die Grundlagen des christlichen Glaubens – wie die Sünde den Menschen von Gott trennt, aber auch wie Jesus Christus für uns am Kreuz gestorben ist und uns damit einen Weg bereitet hat, um die Beziehung zu Gott wiederherzustellen – wenn wir wollen.

Ich konnte Buds Fragen verstehen. Es war noch nicht allzu viele Jahre her, da befand ich mich in der gleichen Situation. Jetzt war es Bud, der vorwärts drängte. «Was habe ich also zu tun?», fragte er.

«Das Wesentlichste, was du tun kannst, ist, den Herrn in dein Leben aufzunehmen. Der Herr wird dich zu nichts zwingen. Aber wenn du ihn bittest, ist er mehr als gewillt, zu dir zu kommen. Glaube mir, er wird dir der beste Freund, den du je hattest.»

Noch am gleichen Tag nahm Bud Jesus Christus als seinen persönlichen Erlöser an. Sein Übergabegebet war einfach, aber es kam von Herzen. «John», sagte er mit feuchten Augen, «nächsten Monat werde ich vierundsechzig, und das ist wahrscheinlich das Wichtigste, was ich je getan habe.»

An diesem Tag verankerte er seinen Glauben auf eine verbindliche Art und Weise. Seine Entscheidung wurde zur Grundlage für eine dauerhafte persönliche Beziehung zu seinem Schöpfer. Die Erinnerung an diese Stunden rührt mich besonders, da Bud starb, als ich die abschliessende Bearbeitung dieses Buches vornahm. Auf der Beerdigung hatte ich die wunderbare Sicherheit, dass Bud für immer in der Gegenwart des Herrn sein würde, da er ihm im Krankenhaus sein Leben übergeben hatte.

24

Botschafter in der Geschäftswelt

Unser Leben und Handeln ist Gott wichtig. Eine enge Beziehung zum Herrn wird zwangsläufig zu Veränderungen führen. Wir werden alle Bereiche unseres Lebens, einschliesslich unserer Arbeit, auf Gottes Wahrheit und Plan ausrichten. Dies wird uns wiederum zu Menschen machen, die nicht nur ihre Arbeit effektiver ausführen, sondern auch Gott mehr gefallen.

Gott gibt uns durch sein Wort und seinen Geist den Rahmen, in dem wir für ihn handeln sollen. Wenn wir seinen Leitlinien und seiner Weisheit folgen, werden wir ihm Freude bereiten und seinem irdischen Reich dienen.

Lassen Sie uns in die Zukunft schauen und uns für einen Augenblick Gottes grössere Pläne ansehen. Ich habe bereits die alttestamentliche Vision des Propheten Habakuk erwähnt, die von dem zukünftigen Tag handelt, an dem die Herrlichkeit des Herrn die Erde erfüllen wird.

So wie der Prophet das Wort «Erde» benutzt, schliesst es jeden und alles auf diesem Planeten mit ein. «Herrlichkeit» spricht von Ehre, Ansehen und sichtbarer Pracht – im Kontrast zu Instabilität, Vergänglichkeit und Leere – und lässt auf Gottes Gegenwart schliessen. Stellen Sie sich vor, dass diese Herrlichkeit die ganze Erde erfüllen wird. Was für eine Vision!

Hier und jetzt

Hier ist sie nun, die entscheidende Frage: Ist es nicht wahrscheinlich, dass Gott schon hier und jetzt unsere Arbeit und unseren Beruf in diese Herrlichkeit mit einschliessen möchte? Ist dies etwa ein Aspekt der prophetischen Vision? Wenn das tatsächlich Gottes Absicht ist, welche Konsequenzen hat das dann für unseren Alltag? Ist es dann nicht logisch, dass wir uns hier und jetzt auf den Weg machen und uns nicht mit einem bequemen «Irgendwann» vertrösten, sondern alles tun, was wir momentan können, um unsere Arbeit auf Gottes Herrlichkeit auszurichten?

Ich selbst kann diese Fragen nur bejahen. Diese Einstellung hilft mir, jeden Tag als wichtig und mit allerlei Gelegenheiten angefüllt zu sehen. Für mich bedeutet das, nicht einfach bloss die ständigen Herausforderungen irgendwie zu überleben, sondern einen – wenn auch nur kleinen – Platz in Gottes höheren Absichten einzunehmen.

In Amerika haben wir das Privileg und die Freiheit, Glauben und Arbeit miteinander verbinden zu können. Das ist nicht überall auf der Welt der Fall, und wir dürfen es auch in unserem Land nicht als selbstverständlich ansehen.

Im Widerstreit mit der EEOC

Bereits in einem der ersten Kapitel habe ich von meiner Auseinandersetzung mit der *Equal Employment Opportunities Commission* (Kommission für gleiche Arbeitsbedingungen) berichtet. Dies führte schliesslich zu der Nachrichtensendung von ABC.

Die EEOC plante einige Richtlinien, die in den USA wahrscheinlich zu ernsthaften Einschränkungen der religiösen Freiheit am Arbeitsplatz geführt hätten. Ich erzähle die Geschichte, weil diese Verfügungen die Verbindung zwischen Glaube und Arbeit erschwert hätten.

Dudley Rochelle, eine Rechtsanwältin aus Atlanta, die gerade ein vor kurzem veröffentlichtes Bundesregister prüfte, fiel auf, dass die vorgeschlagenen Richtlinien die Bürgerrechtsgesetze von 1964 ändern würden. Aufmerksam geworden, las sie die Einzelheiten durch und erkannte einige bedrohliche Konsequenzen. Eilends schrieb sie mir eine Stellungnahme, die mich wenige Tage vor Ende November 1993 erreichte, kurz bevor die sechzig Tage für öffentlichen Einspruch vorbei waren. Ich schrieb der EEOC meine Bedenken und gab mehreren meiner Geschäftsfreunde die Anregung, das Gleiche zu tun.

Trotzdem wurde uns klar, dass unsere – weniger als zehn – brieflichen Einwände wohl keine Wirkung erzielen würden und der Vorschlag mit grosser Wahrscheinlichkeit durch den Kongress kommen und als Gesetz erlassen würde. Ich merkte, wie sich zornig mein Sinn für Gerechtigkeit regte. Sollte eine Handvoll Bürokraten tatsächlich die Macht besitzen, Bibelstudien am Arbeitsplatz zu verbieten, ebenso wie Gebete vor Geschäftsessen, das Singen von christlichen Liedern an der Weihnachtsfeier, das Aushängen von Bekanntmachungen für Gemeindeveranstaltungen oder selbst das Tragen von Schmuck mit religiösen Symbolen? Ich sprach mit anderen Anwälten, die mir diese Befürchtungen bestätigten.

Vorbeugende Massnahmen

Meine Bereitschaft, mich in dieser Sache zu engagieren, steigerte sich noch, als ich in Jesaja 28 las, dass der Herr denen Kraft gibt, die «den Kampf zurückdrängen ans Tor». Das motivierte mich, Massnahmen zu ergreifen, bevor es zu spät war. Ich rechnete aus, dass es zehn Jahre bräuchte, um die religiösen Freiheiten am Arbeitsplatz wiederherzustellen, wenn diese Richtlinien als Gesetz verabschiedet würden. Aber dann wäre der angerichtete Schaden schon sehr gross. Wie wir erfuhren, hatte eine grosse Fluggesellschaft bereits Anweisungen erteilt, welche die Ankündigungen am schwarzen Brett ihrer Einsatzzentralen einschränkte: Jeglicher Aushang mit religiösem Inhalt war verboten.

Menschlich gesehen schien es keine Möglichkeit zu geben, ein Gesetz mit den EEOC-Richtlinien zu verhindern. Aber Gott schenkte einen Ausweg.

Ich erfuhr von der Möglichkeit eines Einspruchs – wenn auch nicht mehr für die Öffentlichkeit, so doch noch für Kongressmitglieder. So vereinbarte ich ein Treffen mit Mark Siljander, einem früheren Mitglied des amerikanischen Repräsentantenhauses, der die Gefahr sofort erkannte und sich der Sache annahm. Er war hoch motiviert! Innerhalb von wenigen Wochen – und mit Hilfe des Schneesturms im Januar 1994, der Washington lahmlegte und das Zusammenkommen des Kongresses hinauszögerte – waren wir in der Lage, die Angelegenheit mehreren stützenden Mitgliedern des Repräsentantenhauses und des Senats vorzulegen.

Verschiedene christliche Organisationen beteiligten sich, indem sie ihre Mitglieder zu einer landesweiten Fürbitte aufforderten, damit die vorgeschlagenen Richtlinien nicht zum Tragen kämen. Anschliessend schaltete sich ein christlicher Fernsehsender ein. Pat Robertson, der sich nicht davor scheute, sich gegen die Bedrohung der religiösen Freiheit zur Wehr zu setzen, sandte ein Kamerateam zu unserem Unternehmen. Ich wurde für eine Fernsehsendung interviewt, welche Aktivitäten zeigte, die wir infolge dieses Gesetzes möglicherweise zu unterlassen hätten, einschliesslich der Zusammenkunft von Arbeitnehmern, die sich zu einer freiwilligen Bibelarbeit trafen.

Die Botschaft war klar: «Solche Dinge könnten zukünftig verboten sein!» Mehrere Ausstrahlungen liefen über den Sender. Interviews in Radiosendungen folgten und schliesslich eine Berichterstattung von Dr. James Dobson in «Schwerpunkt Familie». Nun war die Sache wirklich ins Rollen geraten.

Eine Flut von Unterstützung

Wichtige Nachrichtenprogramme griffen die Angelegenheit auf, und das *Wall Street Journal* veröffentlichte einen entsprechenden Artikel, für den ich interviewt wurde. Die Büros im Kongress wurden mit Briefen und Anrufen überschwemmt. Bei der EEOC gingen mehr als 100 000 Protestbriefe ein, mehr als zehnmal so viel wie bei jeder vorherigen Angelegenheit. Und: Nahezu keines der Schreiben unterstützte ihr Anliegen!

Während dieser Zeit ereignete sich eine amüsante Begebenheit. Eine Abordnung von uns war eingeladen, sich mit den Anwälten der EEOC zu treffen, um die umstrittenen Richtlinien durchzusprechen. Wir stellten eine merkwürdige Kombination von Repräsentanten dar, da in unserer Gruppe

Leute vom konservativen nationalen Verband der Evangelikalen bis hin zur liberalen amerikanischen Bürgervereinigung für Freiheit vertreten waren. Das Treffen verlief in einer freundlichen, aber kämpferischen Atmosphäre. Als ich das EEOC-Hauptquartier in Washington verliess, bemerkte ich in einem Büro ein grossartiges Poster mit einem Bibelvers. Ich konnte nicht widerstehen und nahm eine Anwältin der EEOC beiseite, um sie darauf hinzuweisen, dass es laut ihrem Vorschlag aber entfernt werden müsste! Ihr wissendes Nicken bestätigte, dass meine Bemerkung sass.

Die Freiheit bewahrt

Schliesslich wurde vor dem amerikanischen Senat beantragt, der EEOC wegen der Verbreitung ihrer Richtlinien die Mittel zu streichen, und in einem seltenen Fall von Einigkeit verabschiedete der Senat diesen Beschluss ohne Gegenstimme! Kurz darauf folgte das Repräsentantenhaus mit einer überwältigenden, wenn auch nicht einstimmigen Mehrheit. Angesichts des gewaltigen Widerstands zog die EEOC ihre Richtlinien im Herbst 1994 zurück.

Es war ein riesiger Sieg, der mir bestätigte, dass der gleiche Gott, der Himmel und Erde erschaffen hat, auch für die uneingeschränkte Freiheit, unseren Glauben am Arbeitsplatz einzubringen, sorgen möchte. Zudem rüttelte dieses Erlebnis die Geschäftsleute wach, unsere Freiheiten nicht als selbstverständlich anzusehen. Die Absichten der EEOC hätten uns diese Freiheiten für immer kosten können. Diese Auseinandersetzung bekräftigte meine Überzeugung, dass wir Unternehmer unsere Freiheiten mutig nutzen müssen, um unsere Auffassungen kundzutun und danach zu handeln.

Es ist ein Aspekt des Auftrags Jesu an seine Nachfolger, «Salz» und «Licht» zu sein.

Salz und Licht

Auf einer meiner Israel-Reisen hatte ich die Gelegenheit, an dem Ort zu stehen, wo Jesus der Überlieferung nach seine

Bergpredigt gehalten hatte. Diese Rede beinhaltete unter anderem die Aufforderung, Salz und Licht in der Welt zu sein. Nun stand ich da und konnte auf die grossartigen Berge sehen, die das azurblaue Wasser des Sees von Galiläa umgaben – ein atemberaubender Anblick. Als Jesus zu der Volksmenge sprach, war er sich zweifelsohne der Zehntausenden von Menschen bewusst, die in den kleinen Dörfern in diesen Bergen lebten und die seine Botschaft ebenfalls hören mussten. Nachdrücklich forderte er deshalb seine Zuhörer auf, diese Worte in ihr Lebensumfeld zu tragen.

«Ihr seid das Salz der Erde» (Matth. 5,13), sagte Jesus. Mit dem Wort «Salz» verbanden die Zuhörer damals wohl nicht nur dessen Eigenschaft als Gewürz, sondern auch jene als Konservierungsmittel und Salz als etwas, das Durst erzeugt. Dennoch forderte Jesus sie auf, das Salz der Erde zu sein.

Er sprach zu ihnen: «Ihr seid das Licht der Welt; eine Stadt, die oben auf einem Berg liegt, kann nicht verborgen sein. Man zündet auch nicht eine Lampe an und setzt sie unter den Scheffel, sondern auf das Lampengestell, und sie leuchtet allen, die im Hause sind. So soll euer Licht leuchten vor den Menschen, damit sie eure guten Werke sehen und euren Vater, der in den Himmeln ist, verherrlichen» (Matth. 5,14–16).

Mit anderen Worten sagte Jesus, es reiche nicht aus, seinen Glauben nur für sich selbst zu leben. Wenn er echt ist, muss er hinaus in die Dunkelheit scheinen.

Botschafter

Der Apostel Paulus benutzte ein anderes Bild mit einer ähnlichen Absicht, als er sich an die Gemeinde in Korinth wandte und sie ermutigte, zu den Menschen zu gehen und Einfluss auf ihr Umfeld auszuüben. Korinth war eine Hafenstadt, ein strategisch wichtiges Handelszentrum für das Römische Reich, eine vor Leben pulsierende Stadt voller Kaufleute und Manager, Schiffsbesatzungen und Kapitäne, Hafenarbeiter und Händler, Soldaten und Edelmänner und gelegentlich auch Kaiser und Könige.

Lassen Sie mich in meinen Worten beschreiben, was Paulus seinen Nachfolgern sagte: «Seid Botschafter Christi für diese Leute. Er möchte alle Menschen mit sich versöhnen, einschliesslich derer, die mit ihrem Handel, ihren Geschäftsverantwortlichkeiten und Regierungsaufgaben so sehr beschäftigt sind. Er möchte sie und ihre Arbeit auf seine höheren Absichten ausrichten. Er möchte ihnen seine Liebe, sein Erbarmen und seine Fürsorge zeigen. Er hat einen Plan für sie, der über das hinausgeht, was sie sehen. Das ist die wirkliche Realität, alles andere ist Illusion. Und er möchte, dass ihr als seine Botschafter daran mitwirkt!»

Geliebter Montag

Dieser Ruf ergeht an jeden von uns, der das Evangelium angenommen hat. Wir sind das Salz. Wir sind das Licht. Wir sind seine Botschafter. Im Geschäftsleben. Dort, wo unser Platz ist. Für jeden, mit dem er uns in Kontakt bringt. An dem Arbeitsplatz, an den er uns gestellt hat. Wir sind aufgefordert, alle Mittel einzusetzen, die er uns zur Verfügung stellt.

Denn es wird der Tag kommen, an dem Gott jedes Atom, jede Pflanze und jede menschliche Zelle, jede Familie und jedes Zuhause und auch jeden Arbeitsplatz mit seiner Herrlichkeit erfüllen wird.

Lassen Sie uns diese Vision vor Augen halten und unser Handeln darauf ausrichten.

Wir haben eine wunderbare Hoffnung, die über das Wochenende hinausreicht. Sie beinhaltet die Aufgabe, zu der Gott uns berufen hat: unsere Arbeit. Und sie beginnt am nächsten Montag.

Diskussionsfragen

Im Folgenden finden Sie Fragen zu jedem Kapitel von *Geliebter Montag!*. Obwohl diese Aufgaben zum persönlichen Studium verwendet werden können, erzielen sie einen grösseren Nutzen, wenn sie in einer Kleingruppe diskutiert werden. Möglicherweise hat Sie die Lektüre des Buches angeregt, eine solche Gruppe an Ihrem Arbeitsplatz zu bilden – wenn Sie noch keiner angehören – und bei jedem Treffen ein Kapitel nach dem anderen durchzuarbeiten.

Rich Case, ein Geschäftsmann aus Colorado, hat diese Diskussionsfragen vorgeschlagen und erarbeitet. Ich hoffe, sie bereichern Ihre Arbeitserfahrungen und verhelfen Ihnen zu vielen geliebten Montagen!

1. Schreiben Sie auf, inwiefern sich Ihre grundlegenden Überzeugungen in Ihrer Arbeitsweise widerspiegeln.

2. Würde es Sie freuen oder beunruhigen, wenn ein Fernsehsender einen Bericht darüber drehen wollte, wie Sie Ihren Glauben in den Arbeitsalltag einbringen? Warum? Was würden die Reporter herausfinden, wenn sie jede Person in Ihrem Unternehmen uneingeschränkt befragen könnten:
   - › eine ansprechende Geschichte über Werte und Glauben?
   - › eine lästige Geschichte über die Diskrepanz zwischen festgelegten Werten und dem Verhalten der Geschäftsführung?
   - › nichts Wesentliches?

   Beschreiben Sie, wie der Bericht wohl aussehen würde.

3. Denken Sie an einige Konflikte, die Ihnen regelmässig im Spannungsfeld zwischen dem Leben im Glauben und der Realität im Geschäftsleben begegnen. Beschreiben Sie einen.

4. In welchen Bereichen Ihres Berufslebens handeln Sie so, als würden sich Glaube und Arbeit gegenseitig ausschliessen?

5. Lesen Sie Nehemia 2,17–20. Nehemia wurde mit der Aufgabe betraut, nach Jerusalem zurückzukehren und die Stadtmauer wieder aufzubauen – sicherlich ein anspruchsvolles Unterfangen.
   - › Wie sah er Gottes Rolle bei diesem Vorhaben?
   - › Von wem erwartete sein Team Hilfe und Gelingen beim Wiederaufbau der Mauer? Warum?
   - › Was meinen Sie, wie Nehemia über den Zusammenhang zwischen seinen tiefen Glaubensüberzeugungen und seinem «Geschäftsauftrag» dachte?

1. Denken Sie an Ihren persönlichen Lebensweg zurück. Schreiben Sie einige zentrale Punkte in Ihrem Leben auf (Weggabelungen, wichtige Entscheidungen, Zeiten von Schwierigkeiten). Welche Auswirkungen hatten sie auf Ihr Leben? Inwiefern sind diese Dinge dafür verantwortlich, dass Sie heute dort sind, wo Sie sind? Erinnern Sie sich an den Zeitpunkt, an dem Sie Jesus Christus als Ihren persönlichen Herrn und Heiland annahmen? (Wenn Sie diesen Glaubensschritt noch nicht getan haben, dann lesen Sie die vierte Diskussionsfrage von Kapitel 23.)

2. Beschreiben Sie Ihre Angewohnheit, die Bibel zu lesen und zu studieren. Ist es für Sie eine Freude, eine Last oder tun Sie es gar nicht? Warum?

3. Lesen Sie 2. Timotheus 3,16.
   - Wie bezeichnet Paulus, der Verfasser des Briefes, die Schrift?
   - Was bedeutet der Ausdruck «von Gott eingegeben»?
   - Paulus streicht heraus, weshalb die Schrift von Nutzen ist. Führen Sie praktische Beispiele an, was die nachfolgenden Begriffe für Sie bedeuten:
     Lehre, Überführung, Zurechtweisung, Unterweisung in der Gerechtigkeit.
   - Was glauben Sie, ist der wichtigste Zweck des Bibelstudiums?
   - Was bedeutet es, dass uns die Bibel «für jedes gute Werk ausrüstet»?
   - Was ist unser «gutes Werk» in Bezug auf die Arbeit? Suchen Sie nach Beispielen.
   - Welche praktischen Möglichkeiten gibt es, den Glauben in unsere alltäglichen Geschäftspraktiken einzubinden?
   - Warum ist das tägliche Bibelstudium für diesen Prozess so wichtig?

1. Beschreiben Sie eine Krise oder bestimmte Schwierigkeiten in Ihrem Leben – besonders bei der Arbeit.
   - Wie haben Sie auf diese Probleme reagiert? Warum?
   - Was haben Sie aus Krisen oder Schwierigkeiten gelernt, das Ihnen in der Zukunft helfen könnte?

2. Lesen Sie Psalm 107.
   - Von welcher Art Schwierigkeiten spricht der Psalmist?
   - Wie haben die Leute jeweils ihre Schwierigkeiten überwunden?
   - Was war Gottes jeweilige Antwort auf ihren Hilferuf?

3. Führen Sie anhand dieser Beispiele einige Reaktionen an, die Gott von Ihnen sehen möchte, wenn Sie Probleme oder Stress bei der Arbeit haben.

1. Können Sie sich an bestimmte Zeiten erinnern, in denen Prüfungen und Schwierigkeiten Ihnen entweder zu einer stärkeren Abhängigkeit von Gott verhalfen oder Sie in Zweifel und Frustration stürzten? Geben Sie ein Beispiel.

2. Wie würden Sie den Begriff Souveränität definieren? Führen Sie einige Dinge auf, die Sie der Souveränität Gottes zuschreiben.

3. Lesen Sie Römer 8,28.
   - Welche Sicherheit gibt uns Gottes Souveränität?
   - Was bedeutet dies für die Zukunft Ihres Geschäfts?

4. Lesen Sie Jakobus 1,2–8.
   - Was sollte unsere Haltung gegenüber Prüfungen sein?
   - Welchen Zweck haben Prüfungen in unserem Leben?
   - Wie würden Sie «Ausharren» umschreiben? Warum ist Ausharren für die Charakterformung so wichtig?
   - In welcher Weise sollen wir uns Gott nahen, wenn wir durch Prüfungen gehen?

1. Blicken Sie auf Ihr Leben zurück (ziehen Sie Ihre Aufzeichnungen aus dem 2. Kapitel hinzu) und beschreiben Sie einige Erfahrungen, bei denen Gottes unsichtbare Hand am Werk war. Konnten Sie sein Handeln in der jeweiligen Situation erkennen?

2. Wozu möchte Gott Sie gegenwärtig bewegen oder ermutigen? Wie sehen Ihre Anstrengungen und Gefühle diesbezüglich aus?

3. Lesen Sie Sprüche 3,5–8.
   › Was ist der Schlüssel, um Gottes Führung in Ihrer Arbeit, Karriere oder Ihrem Geschäft zu verstehen?
   › Welche Verheissungen gibt uns Gott, wenn wir bereit sind, «uns nicht auf unseren Verstand zu verlassen» (also nicht anzunehmen, selbst zu wissen, was das Beste ist)?

4. Sind Sie bereit, loszulassen und Gott Ihre Arbeit oder Ihr Geschäft anzuvertrauen? Was ist nötig, um dieses Problem zu bewältigen? Benennen Sie einen Bereich, den Sie loslassen wollen und vertrauen Sie ihn in dieser Woche Gott an.

1. Welchen Dingen mussten Sie «sterben», um eine tiefere Beziehung zu Gott zu gewinnen? (Welche speziellen Lebensbereiche, Kämpfe oder Charakterschwächen hindern Sie, die Freiheit Ihres neuen Lebens aus Gott auszukosten?)

2. Lesen Sie Kolosser 3,1–17.
   › Worauf sollten wir unseren Sinn richten? Warum?
   › Notieren Sie aus diesen Versen einige konkrete Schritte, die Sie unternehmen müssen, um Dinge in Ihrem Leben «abzutöten», die zur «alten Natur» gehören.

3. Beschreiben Sie in einem Satz Ihre generelle Einstellung zu Ihrem Beruf.

4. Welche Schwierigkeiten haben Sie, den Wunsch, Gott zu dienen, mit der Sichtweise in Einklang zu bringen, dass Ihre Arbeit Ihre Berufung zum Dienst für ihn ist?

5. Haben Sie den Wunsch, sich Ihrer Berufung verstärkt hinzugeben? Möglicherweise bezweifeln Sie, dass Gott Sie in der Geschäftswelt haben möchte. Wenn das zutrifft, dann benennen Sie diese Zweifel und übergeben Sie sie Gott noch in dieser Woche.

1. Nennen Sie einen Lebensbereich, in dem Sie dazu tendieren, in zwei unterschiedlichen Welten zu leben – in einer geistlichen und einer säkularen.

2. Werden Sie sich des Hauptproblems bewusst, das Sie bei dem Versuch haben, beide miteinander zu verbinden.

3. Lesen Sie 1. Thessalonicher 4,1–12.
   › Wozu fordert Gott uns auf?
   › Warum fordert er uns dazu auf?

4. Inwiefern stimmen diese Verse mit Gottes Sicht über das «Geistliche» und das «Weltliche» überein? In welcher Weise werden Gottes Absichten erfüllt, wenn Sie Ihren Glauben in Ihre Arbeit integrieren, anstatt in zwei verschiedenen Welten zu leben?

1. Nennen Sie einige Situationen, wo Ihr Arbeitsplatz von Situationsethik und Zweckdienlichkeit bestimmt wird, im Gegensatz zu absoluten Werten und moralischen Gesetzen.

2. Welche Auswirkungen haben ethische Probleme auf Ihr Arbeitsumfeld?

3. Lesen Sie Psalm 19,7–14.
   - Welche Meinung hat der Psalmist über Gottes Gesetze und absolute Werte?
   - Welchen Nutzen haben sie für uns?
   - Wo erlauben wir es «verborgenen Sünden» (V. 13), sich in unseren Alltag zu schleichen?

4. Ist es für Sie schwierig, sich für absolute Werte an Ihrem Arbeitsplatz einzusetzen? Warum?

5. Was benötigen Sie, um Ihre Meinung über absolute Werte und die Wichtigkeit ihrer Umsetzung zu überdenken?

1. Sind Sie von der dualistischen Weltanschauung über Leben und Arbeit geprägt (verbreitet von griechischen Philosophen wie Plato und Aristoteles und sogar christlichen Theologen wie Augustinus und Thomas von Aquin), die besagt, dass es letztlich unmöglich ist, Gott im Geschäftsleben zu dienen? Führen Sie ein oder zwei Beispiele an, falls dies auf Sie zutrifft.

2. Beschreiben Sie in einem Satz Ihre Einstellung darüber, eine Person zu sein, die ins Geschäftsleben berufen ist.

3. Denken Sie an zwei Gebiete (speziell bei der Arbeit), in denen Sie zu der Weltanschauung neigen, das Leben in zwei Bereiche einzuteilen – den geistlichen und den weltlichen.

4. Worauf ist Ihre diesbezügliche Haltung zurückzuführen?

5. Lesen Sie Johannes 10,7–10.
   - Was geschieht, wenn Sie durch die Tür (Christus) in das Reich Gottes eintreten?
   - Was bedeutet das für Sie?
   - Was bedeutet die Aussage für Sie, dass Jesus gekommen ist, damit Sie Leben im Überfluss haben?
   - Glauben Sie, Christus möchte, dass wir unser «überfliessendes Leben» als integriertes Ganzes und nicht als einzelne Teilstücke ansehen? Wieso sind Sie dieser Ansicht, oder was spricht dagegen?
   - Haben Sie den Wunsch, dies in Ihrem Leben umzusetzen? Wenn ja, dann greifen Sie einen Aspekt heraus, den Sie noch in dieser Woche verändern wollen.

1. In welcher Hinsicht ist der Dualismus ein Hindernis für unseren inneren Frieden und ein effizientes Leben?

2. Lesen Sie 1. Timotheus 4,4–5.
   › Was hat Gott geschaffen?
   › Wie nennt Gott sie?

3. Lesen Sie 1. Mose 1,10.12.18
   › Was ist unsere Reaktion auf Gottes Ansicht über seine Schöpfung?

4. Lesen Sie 1. Thessalonicher 5,16–22.
   › Denken Sie darüber nach, was Gott von uns möchte und wie wir unser Leben als ein integriertes Ganzes führen sollen.

5. Lesen Sie 1. Thessalonicher 5,23–24.
   › Was ist das Ergebnis, wenn wir unser Leben auf diese Weise führen?
   › Was kommt in Gottes Weltsicht für uns zum Ausdruck?
   › Welche Bedeutung haben diese Verse für unsere Einstellung zum Leben und insbesondere zu unserer Arbeit?

6. Wie könnte diese Weltsicht unser Denken und Handeln bei der Arbeit verändern?

7. Nennen Sie zwei Vorteile, die Sie von dieser Veränderung erwarten.

1. Zählen Sie drei Eigenschaften auf, die Bestand haben und Ihnen wichtig sind.

2. Inwiefern werden diese Eigenschaften durch bestimmte Arbeitssituationen herausgefordert?

3. Lesen Sie Daniel 6,1–28.
   - Wie würden Sie Daniels Beruf bezeichnen?
   - Weshalb wurde er befördert?
   - Durch welche Eigenschaften tat er sich hervor?
   - Was geschah mit dem «Weltsystem» um ihn herum?
   - Wie reagierte Daniel darauf?
   - Welche unmittelbare Konsequenz erfuhr er, als er treu an seinen Prinzipien festhielt?
   - Was waren die langfristigen Folgen?
   - Würde sich die Kernaussage der Geschichte verändern, wenn Daniel nicht gerettet worden wäre? In welcher Hinsicht, oder wieso nicht?

4. Nennen Sie eine von Daniels Eigenschaften, die Sie in Ihrem Leben vermissen. Welche Massnahmen können Sie ergreifen, um diese Eigenschaft zu bekommen? Nehmen Sie sich vor, diese Massnahme in dieser Woche einzuleiten.

1. Beschreiben Sie in einem Satz, wie Sie über Ihre Beschäftigten oder Mitarbeiter denken.

2. Wie würden die Angestellten Ihres Unternehmens beschreiben, was die Geschäftsleitung von ihnen hält?

3. Unterscheiden sich diese beiden Ansichten voneinander? Warum?

4. Lesen Sie 1. Petrus 2,13–17.
   › Was meinen Sie, was Gott von Ihnen will?
   › Welche Massnahmen haben Sie in der Vergangenheit ergriffen, um eine Atmosphäre des Wohlwollens zu schaffen und den Arbeitern im Unternehmen Ihren angemessenen Respekt entgegenzubringen? Überlegen Sie sich drei Massnahmen, um diesen Weg weiter zu beschreiten (konkrete Aktivitäten und Programme, die den Wert des Einzelnen verstärkt hervorheben).

1. Drücken Sie jeweils in einem Satz aus, welches Ihre wichtigste Berufung, Begabung und Ihr Wirkungskreis ist.

2. Welche Massnahmen ergreifen Sie zur Zeit, um Ihre Arbeitnehmer zu ermutigen, den einzigartigen Plan, den Gott für sie bereithält, zu verstehen? Welche Schritte wären dazu nötig?

3. Nennen Sie zwei oder drei Vorteile eines Arbeitsumfeldes, in dem Ihre Beschäftigten Gottes Plan für ihr Leben finden und ausfüllen können.

4. Lesen Sie 1. Korinther 12,27–31 und Epheser 4,11–12.
   - Was sollte unsere Ansicht über Gottes Berufung von jedem Menschen sein?
   - Welchen Schluss ziehen Sie aus diesen Bibelstellen?
   - Welchen Nutzen hat das Unternehmen von unserer Bereitschaft, die einzigartigen Gaben jedes Beschäftigten anzuerkennen?

5. Überlegen Sie sich Möglichkeiten, wie Sie dem Einzelnen bei der Suche nach seinen Fähigkeiten und Begabungen helfen und sie entsprechend einsetzen können.

1. Denken Sie an Situationen zurück, in denen Sie es zugelassen haben, dass Zorn oder Stolz für Spannungen zwischen Ihnen und einem Mitarbeiter, Lieferanten oder Kunden sorgte. Was war der Anlass und wie wurde das Problem gelöst? Oder aus welchen Gründen haben Sie es noch nicht aus der Welt geschafft?

2. Welche äusseren Umstände setzen Ihrem Unternehmen im Augenblick zu? Wie reagieren Sie darauf? Was ist die Wurzel dieser Reaktion?

3. Wie können Sie eine positive, aktive Reaktionsweise entwickeln, anstatt einer negativen und trägen?

4. Lesen Sie 1. Samuel 17,1–54.
   - Welche Umstände bedrohten Israel?
   - Wie reagierte David auf diese Umstände (V. 26.29.32)?
   - Welche Waffen lehnte David zum Kampf ab, und mit welchen «Kernkompetenzen» besiegte er Goliat?
   - Welches Verständnis von Wahrheit machte Davids Glauben aus? (V. 47)?
   - Überlegen Sie sich eine Möglichkeit, wie Sie dieses Verständnis von Gott auf Ihre Umstände anwenden können.

5. Zur weiteren Anregung und Diskussion lesen und überdenken Sie bitte Psalm 112 und 2. Chronika 20,1–12.

1. Nennen Sie eine Situation, wo Sie zwischen dem biblischen Prinzip der Anteilnahme und der Verantwortung in Ihrem Unternehmen abwägen mussten.

2. Greifen Sie zwei Bereiche heraus, in denen Sie dieses Prinzip ins Gleichgewicht mit Ihrem Arbeitsumfeld bringen müssen. Welche Massnahmen können Sie noch in dieser Woche ergreifen, um eine Verbesserung herbeizuführen?

3. Lesen Sie Lukas 10,25–37.
   › Warum wollten der Priester und der Levit dem Mann in seinen Schwierigkeiten nicht helfen?
   › Welchen wesentlichen inneren Unterschied liess der Samariter erkennen?
   › Wie reagierte der Samariter auf das, was er sah und fühlte?

4. Denken Sie an eine gegenwärtige Situation, die Ihre Anteilnahme erfordert.

5. Was ist Ihre momentane Praxis bei Kündigungen? Wie könnten Sie Ihre Anteilnahme bei diesem Vorgang zum Ausdruck bringen?

6. In welcher Weise könnte Ihr Unternehmen Arbeitslose in Ihrer Stadt unterstützen? Wie würden Ihre Mitarbeiter auf eine solche Initiative reagieren?

1. Denken Sie an eine besondere Dienstleistung, die Ihnen in Ihrer Position möglich ist.

2. Zeichnet sich Ihr Unternehmen dadurch aus, dass es dem biblischen Auftrag gemäss aussergewöhnlicher Dienstbereitschaft nachkommt? Warum oder warum nicht?

3. Nennen Sie einige Beispiele, wo Sie einen besonderen Service geleistet haben. Welchen Nutzen haben sie dem Geschäft gebracht?

4. Lesen Sie Markus 10,35–45.
   - Welche persönlichen Wünsche hatten die Jünger?
   - Was sagte Jesus zu ihren Wünschen, als er sie zusammenrief?
   - Wie könnten Sie daraus für Ihr Unternehmen einen Grundsatz aufstellen, der die Bereitschaft zu aussergewöhnlichen Dienstleistungen fördert?

5. Welche Massnahmen haben Sie ergriffen (oder müssen Sie noch ergreifen), um Mitarbeiter für aussergewöhnliche Dienstleistungen auszubilden? Wie sehen die Ergebnisse bei bereits eingerichteten Fortbildungsprogrammen aus?

1. Drücken Sie in einem Satz aus, in welcher Weise Ihr Unternehmen «etwas zurückgibt».

2. Beschreiben Sie in einem Satz Ihre Definition und Haltung gegenüber Verwalterschaft.

3. Lesen Sie 5. Mose 15,7–10, Sprüche 3,9–10 und Maleachi 3,10.
   - Vor welcher Haltung sollen wir uns nach Gottes Willen in Acht nehmen?
   - Welche Haltung möchte er bei uns sehen?
   - Welche Verheissungen gibt Gott auf diese Einstellung?
   - Vor welche Herausforderung stellt Gott uns, und was verheisst er uns, wenn wir sie annehmen?

4. Geben Sie zwei oder drei Beispiele, wo Sie Grosszügigkeit erweisen und das Beste aus den Mitteln machen, die Gott Ihnen gegeben hat.

5. Überlegen Sie sich eine Möglichkeit, wo Sie Ihren Einfluss in der Geschäftswelt für das Reich Gottes geltend machen können. Welche Massnahmen können Sie momentan ergreifen, um diesem Ziel näher zu kommen?

1. In welcher Weise fördert oder hindert Ihr Unternehmen das Gleichgewicht zwischen Arbeit und Familie in den folgenden Bereichen?
   › Anerkennung des fundamentalen Wertes der Familie
   › Bestätigung der Priorität der Familie vor der Arbeit
   › Maximierung der mit der Familie verbrachten Zeit

2. Lesen Sie 5. Mose 6,1–9.
   › Gegenüber welchen Dingen sollen wir laut dieser Verse gehorsam sein?
   › Was bedeutet das?
   › Welche Schritte erwartet Gott von uns, um unserer Pflicht nachzukommen und seine Prinzipien in unserer Familie zu verankern?
   › Was bedeutet dies für das Gleichgewicht zwischen Arbeit und Familie?

3. Denken Sie über familienfreundliche Massnahmen nach, die Sie in Ihrem Unternehmen einführen können, um das Gleichgewicht zwischen diesen beiden Werten zu unterstützen. Was könnte das sein?

1. Welche Rolle spielt das Gebet in Ihrem Beruf und in der Arbeitsweise Ihres Unternehmens? Haben Sie in Ihrem Betrieb regelmässige Zeiten und Anlässe eingerichtet, um Ihren Beschäftigten und Mitarbeitern die Gelegenheit zum gemeinsamen Gebet zu ermöglichen?

2. Halten Sie es für etwas Natürliches, für Ihre täglichen Geschäftsangelegenheiten zu beten, oder haben Sie damit zu kämpfen? Welche Schritte können Sie einleiten, um eventuell vorhandene Schwierigkeiten zu überwinden?

3. Nennen Sie zwei Gebetserhörungen, die Sie in Ihrem Unternehmen erlebt haben.

4. Lesen Sie 2. Chronika 1,7–12 und Jakobus 1,5.
   › Was wählte Salomo, als er die Möglichkeit bekam, sich von Gott etwas zu erbitten?
   › Wie reagierte Gott? Warum?
   › Was sollte unser beständiges Gebet für unser Unternehmen sein?
   › Welche Erwartung sollten Sie haben?

5. Welche Massnahmen könnten Sie ergreifen, um mit anderen in Ihrem Unternehmen für Geschäftsangelegenheiten zu beten? Wie sieht der nächste Schritt aus, um diesem Ziel näher zu kommen?

1. Erklären Sie in einem Satz Ihre persönliche «Vision».

2. Beschreiben Sie wiederum in einem Satz die «Vision» Ihres Unternehmens.

3. Wie machen sich diese beiden Aussagen in der Führung Ihres Unternehmens bemerkbar?

4. Lesen Sie Nehemia 1,1–11; 2,17–18.
   - Welche Vision hatte Nehemia? Warum war das wichtig?
   - Wie ging er vor, um dieses Ziel zu erreichen?
   - Wie hat er seine Vision anderen vermittelt?
   - Wie reagierten die Leute?

5. Wie können Sie Klarheit gewinnen, wenn Sie die Vision Ihres Unternehmens nicht vollständig verstehen?

6. Wenn sie Ihnen erst einmal klar geworden ist, wie können Sie sie dann fördern und im ganzen Unternehmen vermitteln? Weshalb ist das so wichtig?

1. Führen Sie zwei oder drei Grundwerte Ihres Unternehmens auf.

2. In welcher Weise motivieren Sie Ihre Beschäftigten momentan, diese Werte zu übernehmen und auszuleben? Sind weitere Schritte nötig, um dies voranzubringen? Wenn das zutrifft, dann schreiben Sie einige Möglichkeiten auf, die dem Prozess dienlich sind.

3. Wie erhalten Sie Feedback, ob und wie sehr die Arbeiter und leitenden Angestellten Ihres Unternehmens diese Werte verinnerlicht haben?

4. Lesen Sie Matthäus 7,24–27.
- Was passiert mit einer Sache, die auf beweglichem, losem Untergrund gebaut wurde, im Vergleich zu etwas, das auf einer soliden Grundlage errichtet wurde?
- Was ist der Grund dafür, dass das starke Fundament Stabilität und Fortbestand gewährt?
- Inwiefern kann man eine Unternehmensführung anhand von Grundwerten mit dem Bauen auf den Felsen vergleichen?

5. Denken Sie an eine Situation zurück, die Sie herausforderte, Ihre Werte zu bewahren, anstatt sie der Zweckdienlichkeit zu opfern. Beschreiben Sie die Situation.

6. Was ist für Sie gegenwärtig die grössere Notwendigkeit: Ihre Grundwerte wieder zu festigen oder sie besser zu vermitteln? Warum?

1. Nennen Sie die Grundkonzepte von *Geliebter Montag!:* neuer Eifer für Ihre Arbeit, etc. Beziehen Sie sich dabei auf den letzten Abschnitt von Kapitel 22.

2. Lesen Sie 5. Mose 26,16–19 und Josua 11,15.
   › Welche Anweisungen gab Gott erst Mose und später Josua?
   › Welche Verheissungen gab ihnen Gott, wenn sie sich daran halten würden?
   › Wie reagierten sie?

3. Greifen Sie einen der Punkte aus der ersten Frage heraus, den Sie zur Zeit erfolgreich in Ihrem Leben verwirklichen, und einen weiteren, der Ihnen Schwierigkeiten bei der Umsetzung in Ihr Leben und Ihre Arbeit bereitet.
   › Welche Massnahmen würden Ihnen helfen, die Schwierigkeiten zu überwinden? Nennen Sie zwei.
   › Welche von diesen beiden werden Sie in dieser Woche in Angriff nehmen?

1. Drücken Sie in einem Satz Gottes oberstes Ziel für sein Volk aus.

2. Lesen Sie Matthäus 6,33–34.
   › Was soll nach dem Willen Gottes vorrangige Priorität in unserem Leben haben?
   › Was ist mit dem Reich Gottes gemeint?
   › Inwieweit erfüllt das Trachten nach dem Reich Gottes sein oberstes Ziel?
   › Wie können wir ganz praktisch «nach Gottes Reich trachten»?
   › Was ist das Ergebnis, wenn wir das tun?
   › Bei welchen Angelegenheiten in unserem Unternehmen können wir mit Gottes Hilfe rechnen?

3. Welche Veränderungen in Ihrer Haltung oder in Ihren Prioritäten möchte Gott bei Ihnen sehen, damit Sie seinem obersten Ziel näher kommen? Zählen Sie ein oder zwei auf und verpflichten Sie sich, daran zu arbeiten.

4. Lesen Sie Buds Geschichte am Ende von Kapitel 23 nach. Können Sie mit Sicherheit sagen, dass Sie eine persönliche Beziehung zum Herrn haben? Sie können diese Sicherheit noch heute bekommen! Wenn Ihr Herz für Gottes Errettung offen ist, können Sie folgendes Gebet sprechen:

   Ich bitte dich um Vergebung meiner Sünden, Herr Jesus. Bisher habe ich nicht nach deinem Willen gefragt. Ich bitte dich, dass du mir hilfst, mein altes Leben hinter mir zu lassen, um neu ganz mit dir zu leben.

   Ich nehme dich als den Sohn Gottes auf, der mir durch Tod und Auferstehung neues Leben schenkt. Ich möchte jetzt die Beziehung leben, die du von Anfang an für mich beabsichtigt hast. Sei mein Herr.

Jetzt möchte ich dir danken. Danke, dass du mich hörst, wenn ich zu dir rufe, dass du mich so annimmst, wie ich bin. Danke, dass du mich in deine Familie aufgenommen hast und mich zu einem Nachfolger von dir machen möchtest. Bitte schenke mir die Kraft, täglich mit dir zu leben, und führe mein Leben, damit ich dir gefalle.

Amen.

1. Beschreiben Sie, wie Sie den Begriff Botschafter definieren.

2. Erklären Sie, was es in der Geschäftswelt bedeutet, ein «Botschafter Christi» zu sein.

3. Lesen Sie 2. Korinther 5,14–21.
   › Was sollte die Hauptmotivation für unser Tun sein (V. 14)?
   › Wie sollten wir die Menschen um uns herum betrachten?
   › Welches Ziel hat unser Dienst als Botschafter?
   › Was geschieht mit uns, wenn wir bei diesem Prozess mitwirken?

4. In welchen speziellen Bereichen Ihrer Arbeit denken Sie, dass Sie sein Botschafter sind?

5. Welche Schritte müssten Sie unternehmen, um diese Aufgabe zu erfüllen?